丛书编委会

总　策　划： 来新国　王文成

编委会主任： 郭齐勇　周晓亮

编　　　委： 来新国　陈知涯　张　彧　尹格韬　沈　众

　　　　　　王文成　孟淑贤　周长志　罗养毅　秦　丹

　　　　　　乌　琛

大家精要
典藏版丛书

简读 阿奎那

刘素民 著

陕西师范大学出版总社　西安

图书代号　SK24N1778

图书在版编目（CIP）数据

简读阿奎那 / 刘素民著 .— 西安：陕西师范大学
出版总社有限公司，2024.9
（大家精要：典藏版 / 郭齐勇，周晓亮主编）
ISBN 978-7-5695-4179-3

Ⅰ．①简…　Ⅱ．①刘…　Ⅲ．①托玛斯·阿奎那
（Thomas，Aquinas，Saint1225-1274）—人物研究　Ⅳ．
① B503.21

中国国家版本馆 CIP 数据核字（2024）第 027765 号

简读阿奎那
JIAN DU AKUINA

刘素民　著

出 版 人	刘东风	
策划编辑	刘　定　陈柳冬雪	
责任编辑	张　佩	
责任校对	郑若萍	
封面设计	龚心宇　张潇伊	
出版发行	陕西师范大学出版总社	
	（西安市长安南路 199 号　邮编 710062）	
网　　址	http://www.snupg.com	
印　　制	深圳市福圣印刷有限公司	
开　　本	889 mm×1194 mm　1/32	
印　　张	6.25	
插　　页	4	
字　　数	110 千	
版　　次	2024 年 9 月第 1 版	
印　　次	2024 年 9 月第 1 次印刷	
书　　号	ISBN 978-7-5695-4179-3	
定　　价	49.00 元	

目 录

导　言

中世纪的西方曾出现过一位影响深远的人物，他就是杰出的哲学家、神学家、"天使博士"托马斯·阿奎那（Thomas Aquinas，1224/1225～1274）。1879年，教皇利奥十三世（1878～1903）发布了《永恒之父：在天主教学校中恢复天使博士圣托马斯·阿奎那的基督宗教哲学》的正式通谕，将阿奎那的哲学正式确定为天主教的官方哲学，称为"永恒哲学"，阿奎那本人则被追认"圣徒"。

阿奎那一生矢志不移地致力于基督宗教哲学与神学的系统化、理性化，写出了名垂千古的佳篇名作，从而将中世纪哲学推向了巅峰，并最终成就了作为学院哲学的经院哲学的"轴心时代"，使他不仅成为基督宗教哲学和神学史上空前的学术大师，而且也使他成为西方哲学史上只有少数几个人堪与其颉颃的哲学英雄，成为人类思想史上广泛影响人类思想进程的伟人。因此，无论是对中世纪经院哲学还是对作为学院哲学的经院哲学来说，阿奎那的地位都是无人能够取代的，阿奎那思想研究也就是必要与重要的。

中国人最早认识托马斯·阿奎那得益于来华传教士对其哲学思想的介绍。虽然来华传教士利玛窦（1552～1610）、庞迪我（1571～1618）等人都讲到过阿奎那的思想，但是，正面介绍他的思想并简述其体系的则是艾儒略（1582～1649）。艾儒略在《西学凡》中第一次正面介绍了托马斯·阿奎那的哲学。他认为西方诸国共有六科，其中的"道科"就是我们现在理解的西方经院哲学。

托马斯·阿奎那的思想方法与理论形式更多地吸收了古希腊哲学家亚里士多德的思想，然而，其理论内容更多地反映出希伯来人的信仰。因此，在阿奎那神哲学的论证中，他一方面设法区分"理知"与"超理知（信仰）"，另一方面，又建立起两者的统一性及整体性——借助于自希腊以来的西方思想与方法。阿奎那以理知的辩证，指出人性的能力，他将人性视为"万物之灵"，认为人能够以自己天生的理智能力去知物、知人、知天。所以，从整体架构上讲，托马斯·阿奎那思想体系之"基"在于他的"知识论"，其思想大厦之"体"在其"形而上学"，在此基础上，阿奎那又建构起他的"人性论"（"伦理学"），以此构建起其人生哲学的高峰——宗教哲学。本书在各章节的内容安排上所力求体现的正是阿奎那思想理论的上述特征。

第 1 章

生平、著作与使命

托马斯·阿奎那生于 1224 年年底或者 1225 年春，出生地为意大利南部那不勒斯附近的洛卡塞城堡。他的父母都是当地的望族：父亲 Landolfo de Aquino，与 Lombard 家族同源，母亲 Teodora de Chieti，源自 Norman 家族。家中五姊三兄，托马斯·阿奎那排行第九，为家中老幺。阿奎那的父兄多为军人，服务于腓特烈二世（1194～1250）麾下，退役后皆任公职。

幸福的少年

从 1224/1225 年到 1231 年，因为时局不稳，年幼的托马斯·阿奎那随母亲与保姆一直居住在家族产业所在地洛卡塞城堡中。托马斯·阿奎那5岁左右被父亲送到离家不远的著名的卡西诺修道院的本笃会院当修童，他的父母希望将他培养成这个修道院有钱有势并且拥有崇高地位的隐修院院长。阿奎那在卡西诺修道院勤奋学习了九年，既学习虔诚生活，也修习文法。他沉默寡言，手不释卷，是极守规矩的学生，每次都能一字不差地背诵出老师所授的课程内容，显示出他聪颖的天资与强烈的求知欲。阿奎那常常对关于"神"的问题陷入思索，并且，他常常问老师："什么是神？"

成 为 会 士

1239年发生政教冲突，卡西诺修道院的院生奉命被送往那不勒斯本笃会院，并在当时闻名的那不勒斯大学继续完成学业，直至1244年。托马斯·阿奎那在此期间刻苦学习"七艺"中的"三艺"（文法、修辞、逻辑）与"四科"（算术、几何、天文、音乐），学习自然哲学，并首次接触到了由阿拉伯哲学家阿维罗伊译注的亚里士多德学说。阿奎那在学业上取得了令人瞩目的成绩，老师与同学们常常惊讶于阿奎那超乎寻常的记忆力。他才华出众，多才多艺。除了诗歌方面，阿奎那对学问的兴趣渐渐集中在哲学及其他侧重思考的学科上。童年时代卡西诺修道院宁静而有规律的生活在阿奎那的思想深处留下了永不磨灭的印象。因此，即使身处那不勒斯大学丰富多彩的生活环境，阿奎那最感兴趣的事情还是与周围硕学通儒中一些会士的交往。当时，西班牙籍伟人多明我（1170~1221）创立的新的修会"多明我会"（**又译为"道明会"**）对阿奎那产生了强烈的吸引力。那时，那不勒斯大学神学系的教授大部分都是多明我会的成员，于是，阿奎那逐渐对神学学科情有独钟。阿奎那认为，多明我会"以默祷所得传授他人"的宗旨体现出其将研究学问与神修生活融合在一起的修会特点，而这正合乎阿奎那的思想旨趣与生活方式的取向。阿奎那将自己的想法透露给一位名叫约翰·朱利安的多明我会的会士，于是，在1243年，18岁的托马斯·阿奎那如愿以偿地进入多明我会，第二年正式发"三愿"（**安贫、守贞、服从**）成为会士。托马斯·阿奎那原本是准备在那不勒斯修完修会初学，可是，其贵族的出身，使他在同年4月被送至罗马，然后陪同导师及其他会士沿途徒步从罗马走到波罗尼亚总修院度圣神降临瞻礼。

阿奎那弃俗修道的这一大胆举动立即引来了家人的极力反对。以阿奎那的贵族家庭出身及其与当时国王较亲密的关系，阿奎那的父母原本希望他们这个小儿子读书之后能够投身政界，因此，当阿奎那加入修会之消息传到他母亲耳朵中时，她激烈反对并急速赶往那不勒斯。当阿奎那的母亲赶到罗马要求领走儿子时，阿奎那已经前往波罗尼亚。他的母亲为此非常生气，于是写信急告当时在军中服役的长子，要他在途中严格看守阿奎那可能经过的所有道路，拦截这个不听话的小弟并安全押解其回家。阿奎那被家人软禁了一年，在此期间，母亲不断与教会斡旋，希望这个聪颖的小儿子日后做高官而非只做默默无闻的会士，但均不成功。阿奎那终于摆脱家人给他的高官厚禄的人生设计与安排，而只愿终身做一名普通的多明我会的会士。

托马斯·阿奎那在被家人软禁期间，尽可能利用所有的时间研读《圣经》及其他书籍，他甚至能够背诵全部《圣经》及相关著作，这为他后来著书立说时毫不费力地引经据典打下了扎实的基础。阿奎那的家人看到改变其初衷无望，终于在1245年夏天决定任其自由发展。1245年7月17日，里昂第一届大公会议由教皇英诺森四世主持召开，主要处理教会和神圣罗马帝国之间的冲突。会议将德意志皇帝腓特烈二世逐出教会，并宣布免除其职位。而阿奎那家族被控谋反，家中长子被处死，家人逃往北方仍属教宗管辖区域的家族城堡。之后，从1245年到1252年，托马斯·阿奎那（20岁到27岁）完成了他修会求学的经历。

巴 黎 求 学

1245 年，托马斯·阿奎那被修会送到巴黎的圣雅克会院学习，受教于名师大阿尔伯特。1248 年，大阿尔伯特回到科隆，亦徒亦友的阿奎那荣幸地担任了这位名师的助教，协助其新课程的规划。

作为大阿尔伯特的学生，阿奎那深受其思想的影响。大阿尔伯特被称为"全能博士"，以博学著称，在世时即被奉为权威。大阿尔伯特的思想来源有对自然的观察，更有对古代及教父文献的解读。大阿尔伯特是第一个系统、全面地介绍亚里士多德著作的拉丁著者，他对传播亚里士多德主义作出的贡献不在阐发或深化了某些具体理论，而在于造就了哲学研究中的科学学风。大阿尔伯特的哲学，重点在于用教父奥古斯丁的思想，补充亚里士多德的不足，以实现其调和哲学、神学、医学（大阿尔伯特医生出身，年长后才加入多明我会）之目的。在学术成就方面，大阿尔伯特将亚里士多德的"逻辑学"、"物理学"、"形而上学"、"心理学"（灵魂学）、"伦理学"、"政治学"引介进经院哲学，并融合新柏拉图主义、阿拉伯哲学、犹太哲学三者，为日后托马斯·阿奎那创立集大成的思想体系奠定了坚实的理论基础。

阿奎那对大阿尔伯特所教授的课程及其渊博的学问非常欣赏和敬佩；大阿尔伯特也非常重视阿奎那这位性格内敛、虚怀若谷的高足。阿奎那如饥似渴地从大阿尔伯特的课堂上汲取着知识营养，并深思熟虑——因为阿奎那常常专注于思考问题，极少与同学们交谈与嬉闹，于是常被同学误认为是因为功课不好而怀揣自卑之感的表现。因此，阿奎那从同学那里得到了一个绰号"西西里哑牛"。有一次，一位好心的同学自告奋勇地向阿奎那讲解老师大阿尔伯特所授课的内容，阿奎那自然非常感谢。然而，他发现这位同学讲错了许多地方，为了使这位同学不误入歧途，阿奎那认真地加以修正，并告诉这位同学许多老师还未曾讲过的新知识。同学们惊奇地发现阿奎那原来是一位"大智若愚"之人。细心的大阿尔伯特发现，阿奎那的笔记中不仅记录了老师所授课程的内容，更有他本人对此的思考与创见，因此十分欣赏。不仅如此，每当大阿尔伯特在课堂上故意问阿奎那一些难题时，阿奎那不仅总是能够对答如流，有时他的回答还能对老师产生启发。大阿尔伯特不无感慨地向学生们宣布："我敢预言，你们所称呼的哑牛，不鸣则已，一鸣惊人，而且将震撼世界。"

从 23 岁到 27 岁，即从 1248 年到 1252 年间，托马斯·阿奎那作为大阿尔伯特的学生兼助教为老师撰写了

《〈伦理学〉一书问题讨论》以及《〈狄奥尼索斯论神明之名〉一书问题讨论》，其中可能以"耶利米先知注"和部分"以赛亚先知注"作为学士论文。

1252年，托马斯·阿奎那27岁，多明我会的总会长谕令大阿尔伯特推荐一位合适的候选人到被尊为"哲学家之城"的巴黎大学（建于1200年）攻读博士学位。大阿尔伯特毫不犹豫地选择了阿奎那。同年夏天，阿奎那抵达巴黎，随即开始了在巴黎大学的学习。在此期间，适逢修会会士与世俗学者关于大学讲学权之争，阿奎那的外籍会士的讲座资格因此遭到质疑。不过，这场风暴并没有对阿奎那造成太大的影响。相反，阿奎那在此争论期间开始了他的《论存在与本质》及《论自然原理》两部著作的写作与出版。其中，《论存在与本质》被称为阿奎那的处女作，这本著作关涉一与多、常与变、潜能与实现等基本问题，是理解阿奎那形而上学思想的关键作品。《论自然原理》一书则浓缩了亚里士多德的质料、形式、缺陷作为"变化"的原理原则。

从1252年到1254年，即阿奎那27岁到29岁时，阿奎那完成了十种《圣经》注释，30岁之前，托马斯·阿奎那通过了"圣经学"的考试。

巴黎大学任教与"巴黎大论战"

1256 年，阿奎那从巴黎大学毕业，与其同时毕业的还有他的同班同学、后来也成为思想伟人的波拿文都（1221~1274），二人同获"教师资格"。于是阿奎那开始了为时三年的在母校的任教工作。据记载，当时的阿奎那虽然年轻，却颇有"大家风范"——授课时不断提出新课题并用清晰的方法解答，并且在新的方法中配合着新的论证。对于低年级的学生，他常采取讲授的方式阐释课题的哲理；对于较高年级的学生，阿奎那则用讨论的方式上课。有时，他也会为大学中的神职人员作专题演讲。

在 1256 年到 1259 年的三年时间中，阿奎那著就《论真理》一书。在这部著作中，阿奎那跟随其恩师大阿尔伯特的思想路线，将柏拉图与奥古斯丁的思想注入亚里士多德的学说中，从而更好地为诠释基督宗教教义服务。此外，阿奎那在这一时期的重要著作还有《〈箴言四书〉注疏》（成书于 1254 年到 1256 年），这是一部融通希腊哲学与基督教信仰的力作，其重要性仅次于《神学大全》和《反异教大全》。

在巴黎大学任教期间，阿奎那有了一位名叫来蒙·赛伟瑞的多明我会会士做助教，他一方面做秘书工作，另一方面做兼顾礼仪的辅祭。1259 年，阿奎那即拥有了自己的助教群，协助其抄写论文，记录其上课或讨论的内容与论题。此外，阿奎那还指导两位研究生撰写神学论文。对于托马斯·阿奎那在巴黎大学给大学一、二年级学生所开设的通识课程，无论是巴黎本地的教师同行，还是外籍教师（**特别是犹太学者和阿拉伯学者**），无不向他投去欣赏与赞许的目光。1258 年，阿奎那开始撰写一套讲义，破无神论之说，立有神论之观点。这套讲义前后历经六年于 1264 年完成，这便是《反异教大全》。

《反异教大全》全书分为四卷共计 481 章。第一卷（**共120 章**）由天生知性的角度论证上帝的存在、上帝的特质、上帝的作为。第二卷（**共 101 章**）讨论上帝与世界的关系，论及上帝的创造、受造物、人性，特别阐释了人类知性的能力与极限，进而说明人在哲学中的地位：依靠知性的头脑来知物、知人、知天。第三卷（**共 163 章**）主要论证善恶问题以及人们对于善恶的态度，同时还讨论了人性对善恶应该具有的态度，以及人在择善避恶的选择过程中所面临的各种困难和化解之道。第四卷（**共 97 章**）是关于神学与信仰问题的讨论。

1259 年，托马斯·阿奎那在巴黎完成教学任务后，到法国的瓦朗谢纳完成其入会手续。由于阿奎那原属罗马多明我会,而巴黎的讲席此时另有其他会士取代,因此,当他完成了在瓦朗谢纳的手续之后,便回到了意大利。关于他在故乡的活动,历史上没有详细的记载,故后人演绎出不少版本。在此,我们不必深究其中的故事,却应当将注意力放在代表托马斯·阿奎那思想发展的著述之上。在意大利期间,托马斯·阿奎那的主要著作都有了眉目。1261年到1264年间,阿奎那完成了注释圣经《约伯注》。在此期间,托马斯·阿奎那最大的收获恐怕当属他在此结识了同修会的亚里士多德研究专家摩尔伯克(1215~1286)。摩尔伯克将亚里士多德的许多作品都译成了拉丁文。对阿奎那来说,摩尔伯克亦师亦友,而摩尔伯克关于亚里士多德的自然哲学、伦理哲学、政治哲学等译本,为托马斯·阿奎那更全面、更深刻地了解亚里士多德哲学提供了非常大的帮助。

1269年到1272年,托马斯·阿奎那再次赴巴黎大学讲学。此时的巴黎大学学术风气正值百花齐放、百家争鸣之际,流行的思想潮流中有教父奥古斯丁主义的复兴,也有阿维罗伊学说所注亚里士多德主义的参与,更有极端的亚里士多德主义的兴起。与此同时,由于巴黎大学的两大修会——多明我会与方济各会原本就对哲学的“存在”有不同见解,在真理愈辩愈明的寄望之下,此二修会间兴起了相当激烈的争辩。托马斯·阿奎那在这种时机之下,凭借自己无与伦比的学识与能力成就了一种"一夫当关，万夫莫开"的常胜的论辩将军的角色。因此，此次巴黎大学讲学，阿奎那如日中天，这为以后经院哲学的建立与发展奠定了较为稳固的基础。

多明我会与方济各会的"巴黎大论战"的首要起因是奥古斯丁思想。方济各会的哲学一向倾向于奥古斯丁的学说，以"心灵哲学"为核心；以托马斯·阿奎那为首的多明我会哲学则坚持从亚里士多德以来的"理知"为思想进路与理论基础。于是，方济各会会士裴克曼（1240～1292）用奥古斯丁的学说向阿奎那的理论提出质疑，他甚至以自己总主教的身份与地位查禁了阿奎那的某些学说。不仅如此，由于在此之前，阿维罗伊主义思想家布拉班曾提出"一灵论"的主张，认为意志不自由、灵魂非不死、上帝无预知、世界永恒、真理二元（*神学之真与哲学之真并存*）。此时，裴克曼还借助布拉班的学说与阿奎那展开论辩。托马斯·阿奎那此次论战的思想观点，被收入后来出版的《神学大全》（*第二部第二问*）等著作之中。

"巴黎大论战"的第二个起因是关于亚里士多德哲学的注释。由阿维罗伊主义思想家布拉班领导的巴黎大学文学院的一批教授以所谓的拉丁阿维罗伊主义者自居，其见解不但强调阿维罗伊的某些学说与基督宗教的教义不符，并且对亚里士多德的《论原因》一书也提出诘问，主张用新柏拉图主义加以诠释。此种注释之风很快从文学院影响到神学院，最终遭到神学院的反对，并惊动了教会当局。1270 年 12 月 10 日，巴黎主教埃蒂安·唐皮耶开列了十八种阿维罗伊学说错误并加以禁止。其中，第 11，12 条直接反对否定上帝预知的见解，第 5，6 条反对宇宙的永恒观，第 1，2，7，8，13 条反对主张悟性唯一的学说，第 3，4，9 条反对否定意志自由的说法。显然，1270 年的禁令是针对极端的亚里士多德主义和阿维罗伊主义，当然，其中也包含着对大阿尔伯特及托马斯·阿奎那思想的弹劾之意，例如第 14 条有关实体形式唯一的学说、第 15 条有关精神实体的单纯性等等。而 1277 年的禁令则直接增加了两条关于阿奎那的学说。

"巴黎大论战"使托马斯·阿奎那面临困境，为此，当时已 83 岁高龄的大阿尔伯特及时出山，他力挽狂澜，终于使两大修会尽弃前嫌。大阿尔伯特主张从问题出发，以亚里士多德—托马斯的哲学体系，作为融通"理性"与"信仰"的最佳方案。

托马斯·阿奎那始终保持以冷静的方式探讨问题。1260 年到 1272 年，阿奎那完成了多项亚里士多德著作的注释，特别是注释了亚里士多德的《物理学》《尼各马可伦理学》《政治学》等等。与此同时，他还注释了《圣经》，这些著作也相继出版。

此外，阿奎那还投入相当的精力撰写《神学大全》——其中第二部的下册便是在这一时期完成的。1272年，阿奎那出版了《形而上学十二卷注释》。亚里士多德的《形而上学》原本分十四卷内容，而托马斯·阿奎那只注释了十二卷，原因是，在阿奎那看来，亚里士多德的"知性形而上学"到十二卷时就已经寻获了"存在本身"，形上本体的工作到此已经完成，并且，十三卷与十四卷是讨论柏拉图的"观念论"，本不属于"知性形而上学"的内涵。

故乡活动与逝世

1272年复活节后，托马斯·阿奎那返回意大利，然后回到了故乡那不勒斯，在这里的修会学院中执教。这一时期，阿奎那将主要的精力放在研究神学上，哲学课则是注释亚里士多德的《论生成与毁灭》，并可能注释完《论天》以及《论气象》。此外，阿奎那继续撰写他的《神学大全》的第三部分。

1273年，阿奎那停止了尚未完成的《神学大全》的撰写。从已完成的大部分内容来看，阿奎那的《神学大全》是一部非常系统而完备的大著。此书共分为三大部分，加上一卷补遗可算作第四部分。《神学大全》原文为拉丁文，它既是托马斯·阿奎那的神学概论，又是他的哲学概论，二者合而为一。

按照史传的记载，托马斯·阿奎那温文谦恭，敬事守信，爱人爱神，专心著述，潜修德行。在他的《神学大全》即将结稿时，他有幸得见真体。于是，在1273年12月6日，他废笔叹道："我不能再写了，这些同我见到的比起来，简直陋如稗草。"也许，他的精神此时已提升至无言之境，而人间言语遭遇绝境。1274年，托马斯·阿奎那受教宗格里高利十世之邀前往法国里昂参加里昂第二届大公会议，会议的主题是融合拉丁与希腊学者。阿奎那此时身体不佳，可是他仍然坚持前往，当他抵达意大利靠近特拉契纳几公里处时突然发病，住进弗萨诺瓦的西多会的修道院中。3月7日，托马斯·阿奎那因病离世，时年不足50岁。阿奎那死后被封为"天使博士"。1567年4月17日，庇护五世将托马斯·阿奎那与其他四名最伟大的拉丁神学家安布罗西、哲罗姆、奥古斯丁、大格利高利并列，被教宗钦定为"教会圣师"。1880年，阿奎那被封为所有天主教教育机构的"主保圣人"。今天，一座位于那不勒斯的修道院还留有一间据传阿奎那住过的小房间，开放供游客参观。阿奎那的"圣人日"后来被改到了1月28日，然而许多人还是将3月7日他去世的那天视为他的"圣人日"。阿奎那的遗体在

1369年被移至法国图卢兹的雅各宾教堂安葬，在1789年至1974年间曾被移至另一间会堂，但1974年又被移回雅各宾教堂直到今日。

托马斯·阿奎那逝世时两袖清风，据说连他睡的床都是借来的，可是，他的一生中，撰写了大量的有影响的著作以留给后人。托马斯·阿奎那的《神学大全》被教会视为最重要的著作之一，并在第十九届大公会议上被与《圣经》和教谕并列。教宗利奥十三世在1879年8月4日的教皇通谕里指出，托马斯·阿奎那的神学是构成天主教思想的关键著作，因此他下令将阿奎那的著作立为天主教会的思想基础，所有的天主教学院和大学都必须教授阿奎那的理论，并且还建议教师们在谈及那些阿奎那没有明白阐述的议题时，应当"遵从阿奎那的思考方式，教导正确的结论"。

阿奎那的使命

神学与哲学、信仰与理性之间的关系问题是历代特别是中世纪基督宗教哲学背景下的思想家关心的重要问题，托马斯·阿奎那当然也不例外。阿奎那生活的13世纪的欧洲，基督宗教文化曾经遭遇到内忧外患的冲击：通过阿拉伯思想家的介绍，古希腊思想与古希腊观念侵入了基督宗教笼罩下的西方世界，接着，由犹太人所介绍的希腊思想也接踵而至。然而，其中被翻译介绍过来的亚里士多德思想似乎有些"改头换面"，因此而加剧了神学与哲学、理性与信仰之间的矛盾，使得当时既怀有坚定信仰，同时又愿意接受新思想的人自然而然地得出如下结论：信仰与理性之间彼此冲突，根本无法取得其间的协调；哲学家与神学家（基督徒）对同一问题可以有不同的观点；既然有不同的观点，就应该有不同的结论；有不同的结论，自然也需要不同的原则。

在这样的情况下，教会内部就出现了"保守派"与"革新派"的斗争。前者以奥古斯丁派和坚信神秘主义思想的人为主要代表，他们宁可让理性受损也决不对信仰有丝毫犹豫，因而将亚里士多德及其思想的介绍者视为异端，并加以口诛笔伐。后者则走向另一极端：高呼理性至上，坚决主张任何不能受理性的严格考验与不能提出充分证据的信仰都不能被接受，于是，他们否认一切权威并试图证明每件事情，包括上帝之言。当时的巴黎大学无疑成为针锋相对的两派斗争的主战场。这种尴尬局面曾一度让居于信仰的最高监护人地位的教宗陷入缄默境地。

神学与哲学、理性与信仰之间关系的矛盾意味着，信仰者所肯定的东西很可能就是哲学所否定的东西，反之亦然。在保全信仰的前提下，教会当局于 1210 年向巴黎大学文学院下达一道禁令：暂不允许在课堂上讲授尚未修正的亚里士多德的学说，但私下研究则不受限制。这道禁令又于1215年和1231年两次重申。当然，这道三令五申的"禁令"表面看来是对亚里士多德思想的"悬置"，然而这似乎是"暂时"的、等待时日的。由此我们也不难看出，对于传播的亚里士多德理论，在采取谨慎态度背后，教会当局的确还是寄予希望的。这是因为，无论是"保守派"还是"激进派"，其所采取的立场都有所偏颇，都非解决问题的好办法，而最理想的办法即是采取"中庸之道"：在信仰与理性之间取得协调，将被介绍的所谓亚里士多德哲学思想的错误部分加以修正，不完美之处加以补充，不明晰之处加以说明，并将其正确之处发扬光大，从而使亚里士多德的哲学真正服务于基督宗教思想。这正是当时对哲学问题极感兴趣的教宗所期望有人去完成的一项重要工作。阿奎那的导师、当时极具影响力的大阿尔伯特毫不犹豫地向教宗推荐了他的得意门生托马斯·阿奎那。

严酷的现实让托马斯·阿奎那深感忧虑。然而，阿奎那无法在他的前辈思想家的理论中找到现成的答案，就连当时享有威望的圣奥古斯丁和圣安瑟伦也无法对此问题提出圆满的解决办法。托马斯·阿奎那坚决主张信仰与理性的协调与融通，为此，他博览群书，著书立说，力求找寻有效的解决方案。

　　阿奎那首先强调信仰与理性各自所享有的独立性与自主性。阿奎那主张，应当给理性与信仰各自所应有的权利，以及使信仰与理性尽量发挥各自的有效功能。在托马斯·阿奎那之前，代表信仰的神学一直处于"唯我独尊"的地位，而代表理性的哲学则屈尊就卑。奥古斯丁的理论是传统理论的代表。在奥古斯丁看来，哲学不具有完全独立性，应该从属于神学——"信仰寻求理解"，理性虽然可以在一定程度上说明信仰，但不能说明所有信仰。阿奎那对此观点表示赞同，但并未就此满足，因为他坚定地认为，没有任何信条不能以理性来说明，理性可以说明所有信仰的道理，因此，理性应当有自己的权利、范围、方法与确实性。阿奎那认为，系统地研究理性是人的特权和责任。

　　在尽量使信仰与理性保持各自的权利与立场的前提下，托马斯·阿奎那提出自己的主张。他认为，为了理性而牺牲信仰的任何一条道理都是一种叛逆行为，为了信仰而使理性受到损害也是极不明智之举。这两种做法最终都是对上帝的背叛。在阿奎那看来，上帝是自然界或者理性世界所含的真理与超自然界真理或者信仰所含的真理的共同源泉，上帝不可能自己反对自己，因此，自然界真理与超自然界真理绝不可能相抵触。所以，理性遵循正确的方向所追求的真理对信仰绝不会有任何害处，信仰如果是来自上帝，也一定不怕理性的检验。

同时，由于真理具有统一性，或者说人与上帝具有本体的统一性，这是上帝与受造物之间在信仰与理性上所建立起的本性关系——上帝不但借助于信仰将自己直接和毫无错误地启示给人，上帝还借助于理性将自己间接地启示给人，因此，哲学或者理性并非完全可以与信仰脱离关系或者完全独立存在。人借助于理性只能间接地认识上帝和相关真理——因为理性对一些诸如有关上帝的真理只有间接的认识，又加上理性本身的薄弱，因此，人在追求真理的过程中会犯错误或者得出一些与信仰不符的结论（错误不在于理性本身，而在于其他外来因素）。而当此种情况发生时，阿奎那主张遵从信仰的指示放弃理性的（错误的）结论。然而，既然信仰直接源自上帝，那么信仰就是绝对不能错的，因此，任何相反于信仰的知识都是无效的，都应当利用理性予以反驳。在此意义上，阿奎那认为，"真宗教是真哲学，真哲学是真宗教"。

在阿奎那看来，人的知识分属于两种不同的世界：本性界（自然界）和超性界（超自然界）。自然界的知识可以单靠人的理性的努力而得，哲学由此产生。哲学在自己的范围内绝对有效，它以自己的原理、原则与方法所得的结论是正确的，因此，哲学是真正的学问。然而，人要想获得对超自然界的知识，就不能借助于自己的理性，而要借助于上帝的启示即信仰才能接受和得到这些知识。所以，人不可能单单用哲学理论去证明一个信仰的道理；同样的，人们也不可能用上帝之言或者任何权威之言去证明一个哲学的理论。托马斯·阿奎那的《神学大全》与《反异教大全》完全反映了他的这一指导思想——从写作形式与内容上看，《神学大全》的呈现方式是先引述权威之言而后才用理论论证，《反异教大全》则是先用理论而后引述权威之言来证实每一条道理。这两部传世之作将神学及哲学清楚地加以区分与定位，其思想与理论价值无与伦比。

阿奎那认为，哲学与神学之间的基本区别在于二者分属自然界与超自然界两种不同的世界。然而，自然界的知识与超自然界的知识同样来自上帝，即上帝是二者的源泉，因此，自然界与超自然界并非相互矛盾，而是相辅相成，因为神恩不但不会破坏人的本性，还会成全人的本性——"神恩如此附加于本性之上，不仅不破坏本性，而且还会使本性更为完美，因此，上帝所恩赐给我们的信仰之光不会破坏我们所拥有的自然理性的光辉"。

因此，信仰或者启示的真理（神学）对理性的作用表现在如下两个方面。一方面，天启的真理可以保护理性，让其不至于犯许多错误，因为天启来自上帝，上帝本身是真理及真理的准则，而人不但能犯错而且常常犯错——因此，人在追求真理的征途中仅凭自己的理性免不了失足与犯错。所以，人如果听从天启的指导，就可以避免许多错误。在此意义上，阿奎那认为，神学或者天启的真理对哲学具有约束与指导作用。然而，这种所谓的指导作用却是"消极"的。这是因为，哲学的前提是自明的原理，神学的前提是上帝启示的真理。相对于神学来讲，哲学的前提是独立地自成体系，并非由神学导引出来。不仅如此，哲学借以认识真理的路线也是独立的，并非借助于神学的帮助。所以，哲学是在自身的范围内自由自主地发展自己的原理，而并非积极地受神学的控制，或者需要神学替它的前提作辩护。神学在约束与指导哲学时，并不直接侵犯哲学的原理、方法与论证，而只是对哲学的结论加以审定——在阿奎那看来，这种审定虽是以消极的方式介入，却是有益的和建设性的帮助。

从积极方面讲，阿奎那认为，天启真理（信仰）或者神学能够指出理性的正确方向，因此，神学对哲学（信仰对于理性）而言，犹如在黑暗中照亮方向的星星。在阿奎那看来，由于人性的弱点，其理性不可能不犯错，离开了神恩的帮助，哲学不可能获得人间完整的智慧。正如奥古斯丁所讲，仅凭本性的理解力，人充其量只能获得一些本性界（自然界）的知识，根本不可能获得智慧及最高真理。不仅如此，一些哲学观念在被神学应用的过程中也得到深入而有效的发展。

反过来看，理性对天启或信仰具有何种作用呢？阿奎那认为，理性可以说明、发挥、解释及保护信仰的道理——神学理论即是由此发生。信仰或者神学以哲学的推理方法及论证来说明、证实、发挥和保护信仰的道理，从而使信仰的道理更易于为人所了解，例如论证信仰的道理的合法性、反驳与信仰相悖的异端邪说。在此意义上，可以说，"哲学是神学的婢女"。总之，在为神学提供帮助方面，哲学的功能表现在：第一，证明功能——以严格的科学方法证明那些属于信仰的必要前提的问题；第二，说明功能——以各种类似的例子对信仰的道理加以说明，使之更益于人的理解；第三，演绎功能——将信仰的道理加以解剖与分析，以引出符合逻辑的结论；第四，系统功能——使信仰道理合理化、系统化和秩序化；第五，保护功能——揭露与反驳异端邪说的理性矛盾。在此意义上，神学离不开哲学的帮助。

在托马斯·阿奎那的理论体系建立之前，教父奥古斯丁的理论左右了整个教会思想。由于奥古斯丁是柏拉图思想的忠实拥护者，因此，其在哲学方面的思想可以说是柏拉图思想的翻版。亚里士多德留给世界的是一部不同于其老师柏拉图的崭新的哲学体系，然而，亚里士多德的思想并没有从希腊本土直接进入欧洲，而是先游历了阿拉伯世界之后才由最西部的西班牙进入欧洲大陆，这段长途跋涉在一定程度上改变了亚里士多德思想的原汁原味。虽然，阿拉伯学者阿威森纳（980～1037）与阿维罗伊（1126～1198）在翻译与注解亚里士多德思想方面作出了重要贡献，可是，由于当时伊斯兰教势力较强，又加上新柏拉图思想的兴起，亚里士多德思想在向欧洲传播的过程中潜移默化地受到这两股势力的渲染，造成了阿威森纳与阿维罗伊对亚里士多德思想特别是自然哲学的一定程度的误读，结果使亚里士多德被改头换面的"理论"与基督宗教的基本思想格格不入，造成了"哲学与神学""理性与信仰"关系问题上的极大矛盾，并由此出现了"保守派"与"激进派"的激烈斗争。

阿奎那在1256年取得硕士学位之后留在巴黎大学任教，并凭借渊博的知识和优秀的品德在巴黎大学创下佳绩。三年后，阿奎那回到意大利执教。在教学过程中，他结识了从事亚里士多德思想研究的希腊文专家摩尔伯克。由于当时经阿拉伯人介绍的亚里士多德的思想并不全面甚至有违原著，阿奎那便请摩尔伯克将亚里士多德的主要著作从希腊文忠实地译成拉丁文，以见到亚里士多德思想的"真面目"。阿奎那从摩尔伯克那里获得了所有亚里士多德的著作。自此，托马斯·阿奎那开始对亚里士多德思想进行阅读、注释与研究，从而将真实的亚里士多德思想介绍给了西方世界。

1268 年 11 月，当托马斯·阿奎那受委任再度来到巴黎大学破例再度担任教职主持神学系时，他最重要的使命是首先消除以吉拉尔为首的巴黎大学世俗学者反对托钵僧势力造成的不良影响。然而，阿奎那的工作并不顺利——从一开始他就遭到来自多明我会和方济各会各方的攻击。其中，多明我会的许多兄弟们视托马斯为传统的叛徒，其思想因此被列为异端邪说。同时，由于托马斯·阿奎那坚持采用当时并不被多数人所认同的亚里士多德思想，出于对柏拉图在传统基督教世界无上地位的捍卫，许多奥古斯丁派的学者对阿奎那提出严正抗议。在此期间，托马斯·阿奎那不得不在两条战线上展开论战：一方面，他反对艺学院的激进的亚里士多德主义；另一方面，对于神学院的以方济各会学者为代表的保守的奥古斯丁主义，阿奎那也同时提出反对意见。而在围绕亚里士多德主义的争论中，他深感理解原著的重要性。因此，他对亚里士多德的《物理学》《后分析篇》《解释篇》《政治学》《伦理学》《论感觉》《论记忆》《论灵魂》等著作作出认真的评注，从而实现其重要的思想目的——"使亚里士多德思想基督教化"。

为了使亚里士多德思想成为经院哲学的精髓与骨架，托马斯·阿奎那修正了亚里士多德思想中与基督宗教教理不相符的部分。在传播亚里士多德思想的过程中，阿奎那遭遇了来自各方面的攻击，然而，阿奎那始终抱着为教会思想界开辟一条康庄大道的夙愿，百折不挠，终于使亚里士多德思想代替柏拉图思想逐渐成为当时教会的主流思想。身处13世纪基督教文化面临内忧与外患的欧洲，托马斯·阿奎那以执着的精神力排众议，将希腊哲学家亚里士多德的哲学作为基础，同时吸收柏拉图的思想与方法、新柏拉图主义理论、阿拉伯学者阿威森纳与阿维罗伊的哲学，调和了包括奥古斯丁主义在内的经院哲学各学派的观点，创造了以哲学大全、神学大全、问题论辩等为理论形式的经院哲学的最伟大的体系，成为中世纪哲学中的一个典型的完备理论形态。

托马斯·阿奎那无疑是亚里士多德思想的追随者，可是，阿奎那所建立的理论体系绝非亚里士多德思想的翻版。阿奎那接受了亚里士多德的基本哲学理论，诸如：第一，人的灵魂是肉体的原形——灵魂本身不是一个完整的自立体，它必须与肉体相结合才成为一个完整的自立体——人；第二，物质是个别性的根源；第三，人的知识来自感觉经验，而非先天观念；等等。然而在许多问题上，阿奎那又提出了自己独到而深入的见解。

除了亚里士多德的理论，当时所有伟大的思想体系都曾进入托马斯·阿奎那的思想视野和他的宇宙观之中。阿奎那完全接受了亚里士多德实有性的宇宙观的精神，同时，他也将柏拉图与奥古斯丁的玄思冥想接受过来。传统给了他丰富的贡献，而他在此基础上的独创性则表现在他将以往学术的宝藏加以高度的分析而后形成综合。托马斯·阿奎那之所以杰出，正是由于他在哲学与神学方面普遍的知识以及综合性的理论体系。

托马斯·阿奎那自20多岁起开始写作，其著作的种类与数量远远超过同时代的其他学者。阿奎那集教师、圣徒、神学家、哲学家等身份于一身，在不到50岁的短暂生命历程中，集合了所有希腊、希伯来、犹太的哲学思想，基于传统的所有思想成果，建构起经院哲学最具代表性的理论体系。其著作经后人整理为全集的有许多种，其中以1882年至1884年教宗利奥十三世组织编订的全集为定本。阿奎那的作品有多种分类方式，其中，哲学史家吉尔松将其分为神学著作类、学术讨论类、《圣经》注释类、亚里士多德著作注释类、其他注释类、争辩文类、特别论题论文类、专家见解类、书信类、礼仪著作与论道类、不确定可靠性的著作类等共计一百本左右的著作。阿奎那的著作力求结构严谨、证据繁博、论证缜密、学理精深，故影响深远。

阿奎那的《神学大全》

托马斯·阿奎那的《神学大全》无疑是他的代表之作，也是自中世纪以来基督宗教最重要的教科书之一。顾名思义，所谓"神学"，通俗来讲即是研究上帝启示的学问，至于"大全"，则具有"总汇"之意。因此，按字面意思讲，"神学大全"，即是对上帝启示研究所得的学问的总汇。托马斯·阿奎那被誉为西方拉丁教会中最伟大的神学家，其后的神学工作者多以他为楷模。虽然神学家之间尚有派系之分，然而，阿奎那的《神学大全》始终被奉为经典。

《神学大全》原是托马斯·阿奎那在大学讲堂上的系统讲义，成书于 1266 年至 1273 年间，全部用拉丁文写成，总字数超过两百多万。虽然，阿奎那谦称此著作只不过是为"初学者"使用的关于基督教学说理论的指南手册或导览，事实上，它相当系统地阐释了哲学与神学在当时能够涉及的所有问题。因此，《神学大全》虽以"神学"命名，实际上却是对"哲学"和"神学"进行全方位的理论探讨。从哲学研究的角度来看，《神学大全》主要运用了亚里士多德的逻辑与思想，从认识论/知识论、本体论/存有论的视角阐释上帝、精神/灵魂、伦理/道德、法律和国家等内容。七百多年来，《神学大全》被译成世界各主要语言的不同版本，甚至每隔一段时间就有修订本问世，足见其巨大的影响力。

《神学大全》共分三大部分，另有加称为"补编"的一部分。其中，第一部分是阿奎那于1266年至1268年在意大利任教廷顾问时写成的，由119个问题组成，主要讨论上帝的存在及其特征与活动，属于理论哲学的内容。第二部分分为上集和下集，写于1269年至1272年他在巴黎大学任教期间，其中，上集由114个问题组成，属于实践哲学的部分，下集由189个问题组成，延续实践哲学的内容，同时开始进入神学的领域，探讨了基督宗教教义中的重要理论"基督论"。第三部分写于1272年至1273年他在意大利那不勒斯大学任教期间，由90个问题组成，接续前文所探讨的神学问题。补编部分则是他早期作品的集成，共由99个问题组成。全书的三大部分加补编共四大部分都是按照中世纪大学教学论辩方式和当时教材的体例编写，不分章节，只列问题题目，每个问题的题目下分若干论题，论题数不定，有的少有的多。每个问题的结构均为四个段落：第一段先列举出数个与此论题观点相反的意见；第二段以"与此相反"或"相反地"开场，引述诸如基督教义、教父思想或亚里士多德的理论；第三段是"正解"，以"我的回答是"开场，明确阐述作者自己的主张；第四段则是"释疑"，逐条逐项回应第一段所列举的反对意见或问题。阿奎那以理论分类、分析、辨别、引证、反驳、综合和解答的方式，条理分明、连续不断地展开这部著作的思想论证。

《神学大全》第一部分讨论了"上帝一体三位（1～43题）""上帝创造万物（44～74题）"以及"上帝创造人类与治理万物（75～119题）"等问题。阿奎那认为，比起只有依靠完美理性的启示才能获得"三位的上帝"的认识，人的理性通过受造界的普遍启示可以认识到"一体的上帝"。"一体的上帝"是托马斯·阿奎那撰写《神学大全》的主要前提。在此前提下，《神学大全》第一部分分别围绕"圣道的范围""上帝存在的五种证明""上帝的性质""人认识上帝的可能性与方法""上帝外显的能力""上帝的复数位格及其行动""上帝的创造""人受造的起源与终点""人之灵魂的无形本质""上帝对于世界的掌治"等问题展开论述。在此，阿奎那论述了受造物的原因、产生方式、原初的区别，以及原始的善、受造物之间的掌治等问题。他将上帝的创造物分成三类：纯精神体的受造物（如"天使"）、纯物质体的受造物（如"石头"）、精神与物质兼具的受造物（如"人"）。此外，托马斯·阿奎那还讨论了人的理智及其行为、人的欲望所包括的意志和自由等问题。他认为，"选择"的条件包括认知能力和欲望能力两方面的作用：在认知方面，选择要经过考虑或计议；在欲望方面，考虑所提供的判断，该在欲求时加以接受。他主张，上帝的理智、天使的理智、人的理智有所不同。

《神学大全》第二部分的篇幅超过全书的二分之一，它又分为上下两集。其中，上集分别讨论了"人的道德行为与情（1～48题）""德行与恶习及罪（49～89题）""法律与恩典（90～114题）"等问题。下集分别讨论了"信德与望德（1～22题）""爱德（23～46题）""智德与义德（47～79题）"以及"义德的功能或附德（80～122题）"等问题。阿奎那主张，自由的受造物的一切活动应该归向上帝，人的最后目标是上帝，以获得永福——这是《神学大全》第二部分导言的重要思想。在此前提下，阿奎那开始讨论人的行为。他认为，人的行为基于内在与外在两个原因，即出于意志的自由抉择，而出于抉择的行动即称为伦理行为。意志的行为可分为直接与受命两种，前者包括直接趋于目的（善）的意志行为，或者趋向为达到目的的方法的行为（选择、同意、施行），而后者则包括善行与恶行的伦理区别。为了得到幸福，需要正直的意志，这是意志对于最后目的的必要的准备，这样的需要就如同为了取得"形式"对"质料"应当有所准备。关于人的习性行为，阿奎那所论内容涉及习性的基本问题，如本质、主体、产生的原因、增减的可能性，以及善的习性——德行、恶的习性——罪恶或罪行的习因。托马斯·阿奎那认为："因为习性是一种品质，所以是现实，因此是行动的根本。然而，对于行动而言，习性则是潜能。因此，亚里士多德曾在其《论灵魂》第一卷第一章称习性为'第一实现'，称行动为'第二实现'。"德性的习性又可分为智力德性、道德涵养性德性和上帝之德。"智力德性是成全理性的；道德涵养性德性成全嗜欲能力，使之服从理性；上帝的恩赐则成全灵魂的一切能力。"罪的产生包括内在原因（愚昧、恶意等）与外在原因（来自上帝、魔鬼和人的方面），而由始祖传下来的罪，也可能是罪的原因。在第六册中，阿奎那通过对诸如法律的性质、种类与效果等多方面、多层次的分析，深入地诠释其普世性的形而上学基础——永恒法。阿奎那认为："法律属于理性之物。""自然法是永恒法的分有，因此永恒不变，这是因为成就人之天性的上帝的理性是永恒的和完美的。然而，人的理性是变化无常和不完美的，因此，人法是可以变动的。此外，自然法含有普遍性的指令，这些指令永远有效；人法含有个别的指令，为的是应对偶发情况。"

托马斯·阿奎那将人的德性分为"三超德"与"四枢德"共七种，前者包括"信、望、爱"，后者包括"智、义、勇、节"。在《神学大全》第二部分的下部，阿奎那以大量的笔墨论述"三超德"之中的"爱德",表现出基督宗教德性论对"爱"的强调。亚里士多德曾视爱为友谊,阿奎那则进一步指出,爱德是在交往基础上的善愿,包含超越的维度,然而,爱的行为并非一种纯粹好感,而是一种发生在理智决断之前的意志行为,并附有嗜欲的倾向。"人性行为有两种规则,即人的理性和上帝,而上帝是首要的规则,人的理性也必须接受这个规则的规范。为此,那些达到此首要规则的趋向上帝之德,由于它们以上帝为对象,因此比那些只能达到人之理性的道德涵养性之德或理智之德更为崇高。"

在阿奎那看来,"智德"即"审慎之德",它是在判断实际问题中唯一成全理智的伦理德性;"义德"即"正义之德"。除了普遍义务的基本问题之外,阿奎那还提出了个别义德的类别:分配正义、交换正义和偿还正义等等。他指出:"正如对于借艺术完成的外在作品,在艺术家的心智里预先存在着某种'理'作为艺术的准则。同样,对于理性所限定的正义行为,在人的心智中,也预先存在着某种理,就如同智德的某种准则。如果将这样的准则用文字表达出来,就叫'法律'。"阿奎那指出义德有九个附属德性:宗教、孝爱、尊敬、感谢、报复、诚实或真实、友谊或友善、慷慨和权宜正义。他认为:"对于一种主要德性的附加德性,必须注意两件事情:其一,这些附加德性中有些与主要德性有共同之处；其二，它们在某一方面不具备其主要德性所具有的一切完善之处。"他说，所谓"勇德"又称"刚毅之德"，"节德"即"节制之德"。阿奎那认为："人的意志有两种障碍阻止其遵从理性的正直。其一，意志被某种快乐所吸引，去追求有违理性之正直的东西，而这样的障碍用节德去除。其二，意志在面临困难时，受阻不去追求那合乎理性的东西。为了能够去除这样的障碍，必须有心灵的刚毅或勇敢，以克服困难。"

对于特殊恩典、生活与身份，阿奎那指出，行动生活与静思生活的分别不仅在于人的生活的外在表现不同，其关键是理智作用的不同。前者属于静思理智，后者则属于实践理智或行动理智，而"从本质上讲，静思的生活先于行动的生活，因为静思生活注重的是优先可更好的事物。因此，静思生活也推动和指导行动的生活。而从产生的过程来说，行动的生活先于静思的生活，因为是静思生活的准备"。他说："人取得完善的身份，并非表明自己是完善者，而是宣示自己朝着完善前进。"

《神学大全》第三部分包括了基督论、圣事论、末世论等神学内容，分别论及"上帝圣言之降生成人（1～26题）""基督的生平与救世之功（27～59题）""圣事、概论、圣洗、坚振、圣礼、告解（69～90题）"等问题。阿奎那指出："就人的本性而言，与上帝在同一位格中合而为一并非是说人的肉身与上帝合而为一，因为与上帝合而为一超越人肉身的地位。然而，就其无限超越和其绝美至善而言，上帝是为了人类的得救而与人的肉身合而为一。""基督行奇迹的目的是证实其教导，以及彰显其内在的上帝的性德与能力。"第十五册与本集之后的补编部分在内容上共同构成一个整体，完整地论述了教会所有的圣事。

《神学大全》的补编被视为这部著作的最后部分。托马斯·阿奎那辞世后，他的秘书雷吉纳尔德等人根据托马斯尚未来得及论述的论题选取前期托马斯著作补写而成了补编。补编主要论及"圣事、终傅、婚姻（1~68题）""肉身复活的问题（69~99题）"（这里还包含两个附录：附一"论炼狱"；附二"论原罪的刑罚"）。阿奎那指出："婚姻是本性的义务和教会的圣事"，"婚姻的利益是'信德'"。关于人现世之后的景况，阿奎那说："正如物体因轻重不一会被各自带到不同的地方即运动的目的地，灵魂也因其功过不一而获得赏罚，这就是灵魂之行动的目的地。所以，除非灵魂受阻，否则，一旦灵魂脱离了肉身的现世生活羁绊，也就会立即受到奖赏或责罚。"

第 2 章

知　识　论

　　从词源意义讲，所谓"知识论"即是"研究认知的学问"，因此也被称为"认知理论"。从整体架构上来讲，托马斯·阿奎那的哲学体系继承的是亚里士多德的思想方式，可是，从内容上来看，阿奎那试图更加深入地以理性的方式诠释基督宗教的信仰。不过，这并非意味着阿奎那完全以一个"神学家"的身份为信仰铺路。实际上，阿奎那始终以理性的态度与思维方式建构自己博大的、开架式的、逻辑式的、细致入微的哲学体系。在此，阿奎那虽然没有以知识论作为专题名称来论述，可是，他却在神学的前提下有条不紊地探讨了人的认知结构与过程，并且通过注释亚里士多德的作品，淋漓尽致地发挥与发展了前人的思想，从而完成了他的独到的知识论建构。

回答亚里士多德难题

托马斯·阿奎那的知识论建构与一个所谓"亚里士多德难题"不无关系。亚里士多德在《论灵魂》中将"思辨理智"分为主动理智与被动理智（又称可能的理智），认为只有主动理智才是永恒不朽的，而被动理智会随着人的死亡而消逝。然而，对于究竟什么是主动理智、它为什么能够不朽等问题，亚里士多德并没有明确论证，从而在哲学史上留下了一道"难题"。托马斯·阿奎那以此为理论动机，展开了相关问题的深入探讨。

"理智"是灵魂的"能力"。亚里士多德认为，人的灵魂是三维的，即具备"生魂""觉魂"和"灵魂"三个层面的功能。其中，"生魂"即"生机功能"，是包括生机、营养、吸取、繁殖等生物性功能在内的功能。在此维度上，人是一棵植物，有着植物的生机。"觉魂"即"感性功能"，包括感官知觉、想象、欲求、行动等功能。在此维度上，人是一个动物，有着动物的感性行为。"灵魂"即"灵的功能"。在灵的层面上，亚里士多德重点论述了"理智"与"意志"两个功能——其中，"理智"为"思辨理性"，"意志"为"实践理性"。正是在此，亚里士多德将"理智"或"思辨理性"再分为主动理智与被动理智。

根据亚里士多德《论灵魂》的相关论述，任何事物都有其主动与被动方面，人类的理智也不例外。显然，亚里士多德所谓的主动理智与被动理智并非指人有两个理智，而是指人的同一理智有其主动与被动面，人可以透过分别体会这两个方面而意识到人的灵魂在达至理解时的路径。然而，究竟什么是主动理智呢？托马斯·阿奎那对此的分析又是什么样的呢？

实际上，亚里士多德难题引发了众多的揣测，在托马斯·阿奎那提出自己的观点之前，围绕着主动理智，主要有如下两种观点。第一种观点认为，主动理智是上帝（神）。受新柏拉图主义影响的阿弗洛底西亚的亚历山大最早提出这一观点，之后，由受亚里士多德主义影响的意大利哲学家、逻辑学家扎巴瑞拉（16世纪末至17世纪初）所补充。这种观点认为，主动理智即等于上帝（神）；上帝内在于人的心灵，以光照使人明悟、理解真理。显然，这种观点与亚里士多德的形而上学理论不能达成一致，因为，亚里士多德形而上学意义上的上帝（神）是只认知自己的超越之神，与世人、凡间无关——上帝（神）是完美无缺不可能再发展的，因此才成为不动的原动者，也才有可能以其完美作为吸引力，从而成为万物的归向。第二种观点认为，主动理智是人所共有的灵智原理。中世纪西班牙—阿拉伯哲学家、医生、伊斯兰法法官阿维罗伊最早提出这种观点。他认为，亚里士多德所指的"主动理智"非个人专利，而是众人所共有的一个大的不朽的灵智原理，它从"太一"中流出，进入个体人中，在个体身上运作，为众人所分享，它不会因个体的死亡而泯灭。这种解读显而易见是受到了新柏拉图思想的影响。有观点认为，亚里士多德著作中有些地方与这样的解释相融，因此相较而言，此种解释比第一种解释更接近亚里士多德的思想。

托马斯·阿奎那认为，阿维罗伊的这种观点无法解释个体如何进行思考和理解，因此无法解决这一难题，为此，阿奎那努力尝试作出更加深刻的释读。亚里士多德在其《论灵魂》中指出，理智一方面是"能成为一切者"，而另一方面又是"能制造一切者"——这是其如同"光"一样的正面状态，因为在某种意义上，"光"能够使颜色从潜能中呈现出来。在这样的意义上，理智是可分离的、不朽的、不杂的，因为它在其首要本性上是活动（*而主动因素高于被动因素，原动力优于质料*）。同时，亚里士多德认为，人的记忆力会随着年老、疾病而退化，而人的记忆、爱、恨、被动理智会在死亡中泯灭，只有主动理智才是不朽的。综合亚里士多德的思想，阿奎那提出如下理论：

a. 每个人只有一个理智。

b. 同一个理智有其主动的一方面与被动的一方面。

i. 主动理智即理智的主动方面或主动原理。

主动理智不被情绪左右，不负责记忆。

ii. 被动理智即理智的被动方面。

被动理智形成观念时可受情绪影响，而且牵涉记忆。

c. 理智的这两个原理彼此合作。

i. 主动理智从图像中抽象出普遍形式。

ii. 被动理智从主动理智接受普遍形式，形成观念。

d. 人死时，只有主动理智为不朽，而被动理智随之消失。

i. 人死时，人的心灵（理智）并不因此而消失，只是不能如同在活着时（与肉体结合时）那样发挥作用罢了。

ii. 亚里士多德所说的主动理智是不朽的，其寓意是人的个体心灵（灵魂）不朽。

iii. 可是，人死后，其理智的被动方面在缺乏与肉体结合（关联）的情况下，就无法如平常人一样发挥作用形成观念。就此而言，主动理智是不朽的，而被动理智会随着人的死亡而停止作用。换言之，人死以后，会以纯粹灵魂（精神）的状态来生活与认知；纯粹灵魂（精神）的状态的所谓"理解"靠的是"理性地直觉一切"，即"理智直觉"来认知，而不必靠被动理智去形成观念。这也就是说，纯粹灵魂（*精神*）的作用是缺乏人在世时那份被动理智的作用的。

托马斯·阿奎那的解释究竟是否符合亚里士多德的原意，恐怕只有亚里士多德本人才能够作出明确判断。在此，这似乎已不再重要了，因为无论如何，它是阿奎那认知理论的重要部分，而我们的主要问题则是由此进入对阿奎那"知识论"的更加深刻的了解。

人是由灵魂与肉体组合而成的复合实体

在哲学发展的历史上，阿奎那生活的时代无疑是一个"思想的战国时代"，因此，他的理论建构会受到来自不同方面的思想的影响。在经院哲学之前，教会的神学理论建构一直是在柏拉图主义思想的路线指引下的以奥古斯丁为代表的教父哲学。阿奎那在此基础上引入亚里士多德及阿拉伯哲学家特别是阿维罗伊的理论，并且进行了更深入的综合、调整与发展。

根据亚里士多德的"形质论"，每一个生物都由作为形式的灵魂和作为质料的躯体组成，事物的生成是把形式引入质料、潜能发展成现实的结果。这一理论在阿奎那的形而上学中得到了进一步的发展，成为阿奎那哲学人类学的基础。

阿奎那认为，人并非纯粹灵魂也非纯粹肉体，而是由灵魂与肉体组合而成的一个个体的位格。这样一个个体位格并非一个"单纯体"，而是一个"组合体"。然而，人的灵魂与肉体的"组合"并不抹杀人的个体性、完整性、统一性，相反，人只有在其灵魂与肉体"结合"的情况下才能构成一个正常的个体。

由于人是灵魂与肉体的组合实体，那么，人的灵魂与肉体在同一个个体内彼此合一，各尽其分，人在实现感官行为时，并非意味着其灵魂在利用肉体而有所活动，而是一个"成肉体的灵魂"、一个"被灵魂所充满的肉体"、一个"整体的人"在进行着感官知觉活动。这便是灵魂功能与感性功能的配合。

灵魂

阿奎那认为，人的灵魂对人来讲至少包含两种意义："灵性之魂"和"实体形式"。所谓"灵性之魂"指的是灵魂是一个实际存在的、非物质的灵性体，可以独立于肉体而存在，并且不因肉体的死亡而消逝。然而，灵魂必须与肉体结合才构成一个完整的人的个体，也就是说，人的精神灵魂必须与物理肉体结合才能实施人的自然功能。

一方面，人的灵魂不同于植物的生魂与动物的觉魂。生魂是植物借以有能力生长、保持、繁殖的生机原理，觉魂是动物借以有知觉功能与行动自由的感性原理，灵魂则是人借以成为灵智之体、拥有灵性的理性原理。另一方面，人的灵魂也同时包含动物的"觉魂部分"与植物的"生魂部分"，即拥有二者的一切功能。

灵魂除了是人的灵性之魂以外，它还是人的"实体形式"，拥有人之所以为人的普遍本质，即所有人的灵魂都同属于一类，即人类。因此，阿奎那一方面借"灵性之魂"的意义强调了灵魂的独立自存性与个别性，另一方面又以"实体形式"强调了灵魂的普遍性。不仅如此，阿奎那还指出，灵魂作为人的实体形式，不同于其他有机体的实体形式，因为其他有机体的实体形式与质料必须彼此依存（不能单独存在），只有灵魂作为灵性之魂才有独立存在的意义。灵魂以精神体的身份成为人肉体的实体形式，从而使人的肉体得以成为活的身体。

肉体

托马斯·阿奎那根据亚里士多德的"形质论"的思想来论述人的灵魂与肉体，从而以灵魂作为人的"实体形式"，而以肉体作为人的"次级质料"。所谓"次级质料"，即"被体形式"所赋予形式的物质，有别于尚未被任何实体形式所赋予形式的"底层质料"——"原初质料"。作为"次级质料",人的肉体是被灵魂赋予形式的肉体,也是被灵魂所完全充满和"灵化""活化"的身体,因此,灵魂与肉体并非两个互不相干的个体,而是一个个体的两元。一旦灵魂离开肉体,人的身体就不再是人的身体,而是一堆化学物质。因此,托马斯·阿奎那认为,"形质论"虽然不否认人的组合性,却是更加强调人的个体统一性。

托马斯·阿奎那的这一诠释显然是对柏拉图与亚里士多德思想的折中。柏拉图认为,人的灵魂是"灵"的存在者,曾活在理念世界当中,后来由于被拘于肉体之内而不能彻底发挥其灵性的功能。亚里士多德认为,灵魂是人的实体形式,它赋予原初质料以人的形式而使其成为这个世界中的人。为了避免亚里士多德理论对于灵魂不朽说的威胁,托马斯·阿奎那对两位先哲的思想进行了一种有效的折中:灵魂兼具灵性之魂与实体形式两个性质,灵魂可以独立存在;灵魂与肉体的结合是一种合乎人性的结合,肉体并非灵魂的监牢,灵魂借助于肉体才能自然地发挥人的功能,否则,离开肉体的灵魂已非正常、自然的人,且脱离肉体的认知也不再是人的自然的认知方式。

因此,人作为灵魂与肉体组合而成的自然个体,由此而产生的认知正是灵魂功能与感性功能相互配合而达到的认知。阿奎那认为灵魂的功能有三个层面。第一,"生机功能",它包括营养吸收、生长、生殖,是植物的本能。第二,"感性功能",包括五种"外感官"功能,即视、听、嗅、尝、触,以及四种"内感官"即"统合力",相当于所谓的"统觉"、想象力、估量力、记忆力。感性功能是人与其他动物都有的功能,此外,人还有用以把握对象的行动功能,以及感性层面上的欲求——感性嗜欲。第三,"灵智层面的功能",其中包括理智与意志。理智是思考理解功能,意志即自主决断力,是灵智层面的欲求。这一层面的功能都是从"人"的本质中引申出来的。阿奎那认为,人借助于外感官与内感官的这些功能而与万事万物相联系并从中孕育感情经验。

知识始于感性经验

托马斯·阿奎那强调,人的认知并非纯粹来源于理智,而是源于经验。阿奎那根据亚里士多德在《论灵魂》中的思想"人的心灵如同白板"而提出如下诠释与观点:人的心灵天生是空的,一切知识都是后天获得的。因此,人没有与生俱来的"先天观念",不然,人为何在此生如此彻底地忘记这所谓的"天生观念"?亚里士多德认为,除非先有感性经验，否则没有东西被理智了解；奥古斯丁指出，并非身体在感觉，而是灵魂借身体来感觉。阿奎那据此诠释，人并非是纯粹灵魂之体，而是灵魂与肉体的组合，因此，灵魂的功能不得不与感性功能相配合，即透过身体感官的运作来认知及产生知识，而感性作用不是单纯的心灵活动，而是心灵与肉体组合而成的活动。

所以，知识源于经验，人必须借着感性图像的指引来思考。人的理智的正式对象是物体中的本性，可是事物的普遍本性是由个别事物的感性图像抽象出来的，因此，理智必须配合想象活动来获取新的知识与引用旧的知识。如果想象活动受到牵制，那么认知也就会因而受阻，整个认知活动也就无法顺利进行下去。人不仅必须引用感性图像作为实例以助于自身理解，而且必须引用感性图像示范、教授他人，以使人达及"洞察"。理智对于"无形事实"的理解则必须借助于"类比"的方式，因此，阿奎那认为，人不能对非特质的事理（如形而上学）有直接的知识，而必须依赖有形的事物的感性图像来类比无形事理，甚至就连理智在认知自己时也必须借着经验外物来意识自己——从时间上来讲，意识外物与意识自己同时出现，是同一件事的一体两面，只是，"我"在意识外物时，并不以自我意识作为被注视的正题。这也就是说，人除非通过经验外物的途径来意识自己，否则人也无从意识到自我的存在。

阿奎那认为，人的经验来自人借助于内感官的功能与外物的沟通，然而，人对于某物的经验并非等同于人对此物的理解。要想达到理解，人必须对所经验的事物产生疑问，从中引出思考的方向。因此，"问题"不仅联结着"经验"与"理解"，而且引导着考察事物感性图像的方向，而事物的感性图像提供线索并引申出对事物的"洞察"，即理智在理解上的通达和事物的含义被理智所理解。

理智的第一重运作：理解

亚里士多德在《论灵魂》中指出，当我们在理解事物的整体的意义时，其中没有所谓的"错误"——因为判断尚未出现。然而，当我们涉及真或伪时，我们的理解常常有所谓对象上的联合或分辨。因此，人的理智可以作出两种不同类型的理解：其一是"把握整体义的理解"，其二是"连合与分辨性的理解"。前者是一种"直接理解"，其目的在于把握一种事物的整体的、统一的意义及其核心本质；后者是一种"反省理解"，因其本身包含了"肯定"或"否定"的判断成分而具有"连合"与"分辨"性。

托马斯·阿奎那典型的知识论的"实在论"立场告诉我

们，知识始于经验，人是灵魂与肉体组合而成的个体，灵魂功能必须借助感性功能才可以达及认知。那么，人的理智如何达及理解呢？阿奎那认为，人的理智是借助于抽象作用，从个别的感性图像中抽取出普遍的种像从而达及理解。因此，理解是理智的第一重运作。

主动理智与被动理智

阿奎那的亚里士多德哲学立场表明，人对事物意义的认识本身即蕴含一种抽象作用，这种抽象作用发生于主动理智与被动理智的互动过程中。所谓主动理智，即理智的主动方面或主动原理，其任务在于进行抽象活动。阿奎那指出，感性图像被主动理智所光照，感性图像借此而成为"理解形式"——主动理智首先必须"照明"所要认识的对象，透视并抽出其中共同的必然的东西。"照明"的作用，就是汲取事物的形式，以便理智去感受。因此，主动理智抽出来的能为理智所接受和理解的这种形式，叫作"理解形式"，它是抽象的，是事物的本质或本性。主动理智将感性图像上所把握到的"理解形式"印入被动理智之内而形成"映像"。主动理智这种"照明"而获得反映事物本质的"理解形式"的工作即是"抽象"。因此，阿奎那指出，理智是通过抽象映像来认识事物的。

阿奎那认为，感性图像是处于有形的感生器官内的个别的图像，其本身无能力印入被动理智内，只有凭借主动理智。因此，被动理智是因为其接收任务——从主动理智那里接收"理解形式"使之成为"映像"而被称为被动理智。被动理智即理智的被动面或被动原理，它与主动理智是同一个理智的不同方面，也被称为"可能的理智"。阿奎那在《神学大全》开卷中论证上帝与天使的知识时曾论述"可能的理智"，他认为，神圣的理智与人类的理智都能够认识一切事物，可是，神圣的理智是现实地认识和现实地拥有一切知识，特别是，上帝本身即是智慧，在此不存在从潜能的可能到实际的现实的认识过程。人类的理智则不然——它虽然能够认识一切事物，掌握一切知识，可是不是一开始就是现实的，必须经过由可能到现实的认识过程。因此，按照阿奎那的说法，必须假定在我们身上有一种可能的理智，因为有了它，我们才能发现所要知道的潜在而尚未形成现实的东西。所以，必须有一种力量，它在尚未知道之前处于潜在的可知的状态中。这种力量，就叫作可能的理智。人的理智的这种"可能性"即是一种"被动性"。

不过，被动理智也非全然"被动"，它也有"主动"的一面。阿奎那指出，被动理智在被动地接收种像的那一刻会主动地回应，将接收到的种像表达为观念、概念、定义等等

（统称为"表达像"）。而主动理智与被动理智的关系是：主动理智借助于抽象作用来把握事物的普遍意义；被动理智则在于将事物的普遍抽象意义建构为概念。

意向性

关于如何具体形成普遍概念，阿奎那给出如下解释：应当承认，我们的主动理智从映像中抽象出理解形式时，注意到事物中的普遍性，可他还是在映像中认识理解形式，因为不返回映像还不可能认识他所抽象地注意到的理解形式的实质。阿奎那的意思就是说，主动理智在例如苏格拉底这个人身上认识的"人"是"普遍性的"即"本质性的"，是能为理智所接受的一种"理解形式"，可是，此"普遍性的"或"本质性的""理解形式"依然离不开具体的映像，所以，此"普遍性的"或"本质性的""理解形式"依然是个别的——苏格拉底这个人被认识为一个"人"，可是这个"人"还离不开苏格拉底。然而，理智最终要求的是其认识的普遍性和本质性的东西能够适用于同类的一切对象，即理智要确认普遍之为普遍。因此，仅仅知道苏格拉底是个"人"是不够的，理智要求的是一种"普遍概念"。

为此，阿奎那认为，仅仅有普遍性的理解形式是不够的，理智还有待于进一步发挥作用。由于主动理智的作用，在可能的理智中产生一种"相似像"，它无疑反映人们想象中的对象，但仅仅表现形式本性。在阿奎那看来，我们能够注意的形式本性是没有个体限制的，而且正是这种形式本性的"相似像"传递给可能的理智。阿奎那在此所要阐明的是，主动理智在可能的理智即被动理智中形成并传递给可能的理智（被动理智）的"相似像"，无疑反映人们所要认识的对象，而且已经反映对象的形式本性即对象的本质，而不再包含任何个体的因素。正因为如此，才能为可能理智（被动理智）所接受和掌握——因为可能理智只能感受本质性的东西。

这样的"相似像"即是"意向性"。"意向性"这一概念源于亚里士多德，可是他并未作出清楚阐释，阿奎那在借鉴亚里士多德概念的基础上创建性地诠释了这一概念。阿奎那认为，人的灵魂同时具有生魂、觉魂、灵魂的功能，因此，人的灵魂的"指向"对象即是兼具感性与理性的活动。灵魂所指向的对象本身由于人的灵魂的意识而兼具"原因性"与"意向性"两种意义。也就是说，主体的指向本身涉及人的有意识的投向，其"指向"因此被称作"意向"，而"意向性"兼含被意向之对象和意向之主体与活动的区分。阿奎那指出，理智所把握的"相似像"不可否认地反映着对象的本质，可是，就理智把握类似像的角度来说，这一类似像是理智将所要认识的对象本质性地感受在自身的东西，它因此而成为"理智认识的原则"和"形式"，所以，"相似像"可认为是"意向性的"，即理智为自己组成了类似于对象的意向印象。这种意向性的相似像即理性印象还不是理智认识的真正对象，而是理智认识的一个中间环节。

理智获得知识可于被动理智即可能理智接收主动理智的映像作用时所作的反应，即被动理智接收主动理智传递的"理性印象"即"相似像"，这种本质规定通过自己形成的意向性相似像而认识外在客观事物。阿奎那称之为"理智意向"或"理智概念"——理智确认自己的认识与外在的事物相符合，亦即"普遍概念"。

抽象作用的三个程度

托马斯·阿奎那认为，抽象作用包含三个程度，这三个程度分别在物理科学、数学、形而上学三个学科上被显现。人在物理学科上对物理事物的理解蕴含第一度抽象。在第一度抽象上，阿奎那将感性物质区分为"共同物质"与"个别物质"。共同物质是具体而非个别的；个别物质则是具体而个别的。人的第一度抽象即是在感生图像上抽掉事物的个别物质与此时此地，但保留共同物质。例如，对于"人的本质"的把握可以抽掉某一个人此时此地的处境、姿势等个别因素。

阿奎那认为，人对数学的理解蕴含着第二度抽象。在第二度抽象上，阿奎那进一步把物质区分为"感性物质"与"智性物质"。感性物质即物质实体中的一切偶性如质、量等。可感性质包括色、声、味、触（冷、热、软、硬）等。智性物质所涉及的是"量化实体"的"量"的成分。"量"的成分包括形状、数目、尺寸（长、宽、高、深）等量的界限和广延性，是数学（特别是几何学）所涉及的对象。阿奎那认为，人在数学意义上的理解蕴含着第二度的抽象，即抽掉了事物的感性物质成分，其中包括"个别感性物质"与"共同感性物质"的一切感性成分如色、声、味、触等，只保留了智性物质——借助于智力的运作所探明的"量"的意义。

在此，托马斯·阿奎那还区分了"共同智性物质"与"个别智性物质"，前者指一般量化实体所含的量的成分，后者则指这个或那个个别实体所蕴含的个别的量的成分。在第二度抽象阶段，这个或那个实体的个别智性物质可以被相对忽略，可是，实体实为实体的共同智性物质必须被保留。例如，几何学中只探讨四边形、三角形等的性质与定理，而个别的四边形、三角形等只作为帮助思考的对象；一旦四边形、三角形等的性质与定理确定之后，那么，个别的四边形、三角形的长、宽、高、深等量的求证自然就不是问题了，因此而显得次要。

阿奎那认为，第三度抽象属于形而上学的抽象范围，它是最高阶段的抽象。在此，理智会将包括感性与智性的物质在内的一切物质成分抽去，即抽去所有个别的与共同的物质成分，其结果是只剩下"实体本身"及其属性，即形而上学所涉及的内容如存在、存在者、潜能、实现、真、善等等。阿奎那指出，形而上学所关涉的是存在及存在者之为存在者，而非特别涉及任何一类的存在者。因此，形而上学的探讨内容适用于一切存在者，甚至包括非物质实体。

知识增长的过程

托马斯·阿奎那认为，人不仅能对一事物有所理解，也可以以此为基础将各种理解串联起一门一门的学问并使问题的解决有更深入的突破，因此，知识具有增长的一个过程。

人的理智借助于抽象作用从个别的感性图像中抽出普遍种像而达至理解即"洞察"——事物的含义被理智所理解。阿奎那在注释亚里士多德的《论灵魂》时指出，"洞察"可通过三种方式得以增长。第一，一个洞察可以引申出另一个洞察；另一个洞察可以引申出第三个洞察。第二，一个洞察可合并另一个洞察；另一个洞察可再合并第三个洞察。第三，多种洞察的增加与增长引申出一种学问，这种学问是不同的概念合并在同一个"理解性"之下而形成同一系列的理解行动。在此基础上，一门学问可以引申更广的综合，从而形成一门更整全的学问，从而达到学问的延伸。而一门较整全的学问又可引申出更高的综合以形成另一门既与前一门学问部分相连又部分相异的新的学问。例如，算术引申更高的综合而形成代数，代数与算术即是部分相连、部分相异。阿奎那主张，学问的发展须依靠学问的传授而得以传承。并且他指出，学问的传授因人而异，对较愚钝的学生，老师须向他作详细的讲解，反之，对于较聪明的学生，老师只需向他作一点点提示即可达到举一反三的效果。

然而，一旦求取学问的过程遭遇阻滞、障碍与挫折，人们就不得不"返回影像"，这是因为，既然知识开始于经验，人就不得不借助于感生图像来达至理解，也不得不返回影像来求得更充分的理解。阿奎那认为：在"理解"尚未达至前，人须依赖感性影像所提示的线索来获取理智的突破；在"理解"进行的过程中，人一旦把握了事物的含义，即是从感生图像上获得洞察，这时，"返回影像"即意味着理智以影像为"基础"而获得光照，在此，"返回"即以图像作为"依归"；在"理解"实现之后，人的理智直接地把握事物的普遍意义，间接地理解个别的经验事物的含义。在此，所谓

"间接地理解"即是"返回"经验的现象或图像以将所理解的普遍意义加以应用，那么，"返回"即意味着"落实"于实际之意义。当人们需要将所理解的知识传授给别人时，更需要借助于有形可见的事物作为例子、作为听众在思考上的依据，在此，"返回影像"即"借助于有形可见的事例"——而当我们对一个问题的理解不够充分时，我们通常会从更多的有形可见的事例中挖掘线索以进一步充实自己的理解，这时，"返回影像"之"返回"则含有"重新回顾"之意。

理智的第二重运作：判断

托马斯·阿奎那对于"判断"的分析来源于对亚里士多德思想的吸收与发展。在前文中我们提到，亚里士多德认为：理智的第一重运作是"对事物整体意义的理解"，又称为"直接理解"，即理智从经验对象或经验图像上把握事物的本质意义和统一意义；理智的第二重运作则是"综合性与分辨性的理解"，也称为"反省理解"，即理智将所领悟到的内容与事实作比对，从而提出肯定或否定的"判断"。阿奎那在亚里士多德理论的基础上进一步围绕主动理智与被动理智关于种像的作用指出，主动理智从图像上抽象出"理解形式"，将其印入被动理智内，而被动理智在接纳"映像"

后将其构成"表达像"。对于理智的第二重运作"判断"，阿奎那认为，此时，主动理智的任务在于孕育"反省洞察"，并肯定"真理"与否定"虚假"；相应地，被动理智的任务则在于对所肯定的真理表示"赞同"，以及对所否定的虚假表示"不赞同"。

围绕理智的两重运作，阿奎那分别给出了更加详细的分析。

阿奎那认为，理智的第一重运作主要包含惊异、悟性疑问、直接理解、定义等阶段——理智对所经验的对象产生"惊异"，渴望对它有所理解；在未达到理解之前，理智对其对象所发出的是一种"悟性疑问"，即"这是什么"；之后，理智对其对象产生"直接洞察"；理智将所掌握的理解对象的内容陈述为"命题"，其中包括肯定命题与否定命题，这便是"定义"。

对于理智的第二重运作，即"反省理解"，阿奎那重点强调了四个要点。第一，反省问题——人在对一事物达至"直接理解"后，仍须确定自己所理解的内容是否符合事实，于是提出"是否如此"。第二，批判反省——借助于"反省问题"的帮助，人会反复地检视、反省、衡量、比对，企图确定自己的"直接理解"是否与事实相符合。第三，反省理解——人在反思过程中出现的一种"反省洞察"，在此，人的理智洞察到自己所理解的内容与事实相符与否，从而为下"判断"作准备。第四，判断——人在"反省洞察"时洞察到所理解的内容符合或不符合事实时，会作出"真"或"伪"的断定。阿奎那在《论真理》中指出，知识完成于理智判断一物的真伪……人在求知的恳切中，借助于判定一物的真伪而获得心灵上暂时的憩息。因此，判断是理智第二重运作的高潮。

理智的第三重运作：推理（思考）

"推理"即"思考"，亦即人渴求知识的"求知欲"。它是继"理解"与"判断"之外理智的另一种运作，是一种"智力动力"。在此问题下，托马斯·阿奎那区分了"理智"与"理性"这两个"相同"的概念。

从运用上来区分，阿奎那将因应着智性功能所引申的理解活动称为"理智"，而将因应着智性功能的思考活动称为"理性"。

从目标上来看，则有思辨理智与实践理智、较高理性与较低理性的区分。思辨理智指理智的理解活动是纯粹用于认知真理这个目标，而且止于判断的阶段；实践理智指理智引导其理解活动于实践的层面，例如进行道德选择。阿奎那认为，相较而言，当理性专注于思考"永恒真理"如神学理念等，它就被称为"较高理性"，而当理性专注于思考"俗世知识"，它就被称为"较低理性"。

从推理（思考）类型上可区分为"论证性思考"与"辩证性思考"。所谓"论证性思考"，即三段论式的推理，包括大前提、小前提和结论三个部分。按照亚里士多德的思想，其中，三段论式的大前提必须是直接地自身明显的、首要地真的、较显著的，它先于结论，而且是结论之因。这是一种推理上的"演绎"。所谓"辩证性思考"，即反复地论辩事理的"正"与"反"，以及衡量议论上的"赞成"与"反对"。托马斯·阿奎那《神学大全》的每个论题都是以这样的方式进行的：首先提出一切可能有的正反两方面的意见，然后再提升至一个更周延的看法，并引用多方观点来支持己见，以便论证更加深入全面。

正如"理智"与"理性"具有相同性一样，"推理"（思考）与"理解"也是同一种智性功能，并且，"推理"始于并止于"理解"。二者的不同似乎只在于其达至认知终点的"动"与"静"的区别：从"动"与"静"的状态来看，"理解"指的是达至领悟一事物时的愉悦与暂时的停息，"思考"则意味着人对认知的永不停息的追求。因此，"推理"之于"理解"，恰如"动"之于"静"。阿奎那认为，"理性"的动力会促使人超出一切已知而渴求更为深广的事理，直至认知一切。

理智的第四重运作：思辨理智与实践理智

托马斯·阿奎那认为，思辨理智与实践理智是应用在不同的目标上的同一个理智。思辨理智的认知活动主要是人的心灵的内在活动；实践理智则是配合意志的意欲活动并以求取外在于己的对象事物的活动——思辨理智的确切目的只在于内在地理解与反思事物的意义；而实践理智则通过理解而引申出外在行动。因此，思辨理智被应用于求取真理的目标上，即用于考虑事物含义与反省、衡量事物真相上；实践理智被应用于求善之上，即以行动为目标，通过理解而实践，并以采取行动以求取可欲之对象为终。

然而，"真"与"善"彼此相通。阿奎那认为，"善"与"真"是意志与理智的对象。从定义上看，二者彼此有别，可是，就内涵来讲，"真"即是一种"善"，"善"也是一种"真"。因此，意志的对象隶属于理智之下，而理智的对象也隶属于意志之下。

阿奎那认为，理智与意志是"灵魂的能力"，二者互为条件：理智不能脱离意志的牵制而求知，意志也不能离开理智的监察而活动——实践理智尤其如此。为了强调意志与理智二者关系的密切，阿奎那在其《神学大全》中分别引用了亚里士多德与奥古斯丁的话作为论据。亚里士多德在《论灵魂》一书中提到"意志在理性内"；奥古斯丁在其《论三位一体》一书中指出"我理解到我在意欲"。二者无不指出意志与理智之间的吻合，阿奎那在此基础上强调的是：意志的活动被理智所理解，人认知自己在意欲着某物。阿奎那认为，理智与意志既同时植根于灵智实体内，二者又彼此互为原理。

从认知的角度看，人究竟如何才能知善知恶，以致行善避恶呢？阿奎那指出，人认知并判断道德行为上的善恶之标准在于"理智"。能够教人认知、判断并指导人行于道德正轨的理智是一种处于平正中立、免于乖僻状况下的理智——阿奎那称之为"正直理性"，它包含良知与良心两个层面。

阿奎那认为，良知是一种能让人不虑而知地把握伦理大原则（如应行善避恶等等）的先天习性。从质料的角度讲，良知是理智本身；而从形式上看，良知则是主动理智在实践上对伦理大原则的领悟，是一种对伦理大原则意义上知善知恶的先天习性与先天潜能。而人一旦要将这些伦理大原则应用于个别、具体的事例上，则必须借助于"良心"的思量。因此，"良心"是良知之知的具体客观落实与应用——当人将良知习性所不虑而知的大原则应用到个别具体的实例上去时，这种理智上的应用即被称作"良心"。

阿奎那指出，自由意志是理性的自由，人是自由的，因为他是有理性的。当意志运用其自由，正直地服从"正直理性"的指引，忠于"良知"的训令与"良心"的权衡，便是合乎"全福"的"至善"。反之，当意志运用其自由却违背理性的引导，与"全福"相悖，那么，其选择的"善"即"直接目标"就不可能与"至善"即"最终目标"相容。

小　　结

托马斯·阿奎那的知识论所涉及的是关于人之所以能够获得知识的基本理论，撇开其神学命题与认识论的宗教观，从哲学的角度，透过其中众多的复杂概念与详细论证可以发现，阿奎那的基本观点是鲜明而深刻的。阿奎那认为，任何知识都以客观事物和感觉经验为基础，概念的获取所依赖的是理智从个别中汲取普遍的抽象。当时欧洲哲学界处于东西文化大碰撞的历史时期，阿奎那面对的是一场史无前例的错综复杂的激烈斗争：不仅有教内与教外，如经院哲学与阿威森纳—阿维罗伊主义间的斗争，而且还有教会内部不同修会、派系间的斗争，如保守的奥古斯丁主义经院哲学与新兴的反奥古斯丁主义的经院哲学的斗争。因此，阿奎那的论点与论证具有一定的"风险性"与"叛逆性"，因而也是具有一定的"探索"意识、"革新"精神与"渊博"知识的。

例如，阿奎那提出"天生的盲人是没有颜色的概念的"观点，显而易见是对柏拉图主义理念论以及奥古斯丁主义天赋观念论的直接批判，这在当时奥古斯丁主义占绝对优势的经院哲学阵营中无疑是需要巨大的勇气与理论水平的。

再如，阿奎那在强调人的理性认识来源于感性经验的前提下，强调人是由灵魂与肉体组合而成的复合实体，从而强调人的灵魂离不开肉体、人的理智离不开肉体独立认识，这显然也是对柏拉图主义的先验论与阿维罗伊主义的独立存在的统一灵魂论以及深受新柏拉图主义影响的奥古斯丁主义关于灵魂与肉体是偶然的结合、灵魂决定认识、灵魂受肉体所困因而需要"回忆"等思想理论的针锋相对的反驳。无论这样的反驳是否正确，阿奎那的思想都是具有开拓性的。

又如，阿奎那一方面运用亚里士多德的抽象学说，一方面又进一步提出与阐释了主动理智与被动理智的作用，将抽象归结为主动理智本身所固有的自然能力，同时肯定抽象所获得的普遍性乃是寓于个体中的事物的共同本性即本质。此观点同样充分反映出阿奎那对柏拉图理念论与回忆说、奥古斯丁天赋观念论等的批判（不过，他借鉴了他们的"光照说"），以及他对亚里士多德理论的发展与创新。此外，当阿奎那指出了理性认识中重要的中间媒介"相似像"，并将其解释为"意向性"时，这意味着他清楚地区分了感性事物的自然存在方式与理智认识中的事物的抽象存在方式的不同。他肯定作为主体与客体相吻合一致的认识是"意向性"的，而不是物理性的——例如人们认识石头时，石头本身并没有进入人的理智而与之合而为一，只是在"意向"中主体与客体合而为一，由此获得认识。现代哲学特别是现象学的核心概念"意向性"最早由亚里士多德提出，可是，亚里士多德并未将它说清楚，而是由阿奎那作出了较为明确的解释。虽然阿奎那没有对此作更为深入的论证，可是，他的观点却是具有原创性的，其对现代哲学特别是现象学的启发意义也是显而易见的。

仅此几例足以说明阿奎那知识论的潜在的理论深度与研究价值。阿奎那对于知识论的贡献在于，他运用亚里士多德的心理学，站在实在论的立场上，强调知识始于实践。他继承了自柏拉图、亚里士多德以来所展现的有关认知结构的思路，凸显了"经验""理解""判断""抉择""推理"等的条理结构。托马斯·阿奎那承接亚里士多德的论点，接纳柏拉图的思想，并由此一方面在柏拉图主义的洪流中将奥古斯丁、新柏拉图主义者的学说兼收并蓄，另一方面又在亚里士多德主义的脉络中采用阿拉伯人的诠释。同时，阿奎那还积极吸收犹太哲学家如迈蒙尼德以及他的恩师大阿尔伯特的思想，并在此基础上推陈出新。因此，古典形态的认知理论发展到托马斯·阿奎那已臻至高度的思想成就。

第 3 章

形 而 上 学

托马斯·阿奎那的形而上学是他整个哲学、神学理论架构的基石，因此，了解其形而上学是了解其整个思想理论的关键所在。形而上学作为一门学问于公元前 4 世纪首先由亚里士多德作出系统的研究，他称之为"第一哲学"，即关于终极原因和原则的科学；有时他也称之为"作为存在的存在的科学"，即"什么是'存在'的科学"；有时他又将之等同于神学，因为它讨论一种特殊的存在，即超越可感本体的神。亚里士多德的学生安德罗尼科编辑亚里士多德的"第一哲学"时，列之于物理学之后，因此取名为"物理学之后"；英语 physical（物理的）来源于希腊文，它的意义与现代物理学没有太大的关系，它在更大程度上是指有生成变化的可经验的实有世界的整体。中世纪哲学家将上述形而上学的不同方面分别叫作"一般形而上学"和"特殊形而上学"，而"特殊形而上学"又被称作"具体形而上学"。

基督宗教哲学讨论任何问题都会根据形而上学的原则并最后归结到形而上学本体论，因此，形而上学是基督宗教哲学理论体系的基础。托马斯·阿奎那通过形而上学的思辨论证，探究万事万物的本原，并将之与上帝联系起来，使上帝成为万事万物的最后原因。从时间上来看，阿奎那的形而上学思想大约形成于1252年至1256年他在巴黎大学执教期间发表《论存在与本质》这本著作时。从思想渊源上来看，阿奎那从注释亚里士多德的《范畴篇》和《形而上学》等著作中得到不少启发。

存在与存在者

在阿奎那的形而上学思想体系的基本概念中，有两个重要的词"Ens"和"Esse"需要特别注意。"Ens"是拉丁文动词"est（是）"的名词形式，意思是"是者，存在者"。阿奎那认为，这个词的意义是复合的，指示的是一事物的存在。"Ens"区别于动词"Esse"——后者的意义来自动词"est"，意思是"是"或"在"，可译为"存在"——阿奎那指出，存在的本来意义指活动本身，它赋予一切事物现实性，存在自身不等于一个事物的存在，而上帝是全部的"现实性"——就其自身而言，它是不掺杂潜在性的"纯粹活动"；就其与现实事物的关系而言，它是万事万物的原因。所以，上帝即是存在自身，"存在"并非"存在的事物"。"现实性"与"纯粹活动"是理解阿奎那"存在"一词之关键。"存在者"与"存在"的区别在于："存在"是活动，"存在者"是活动的承受者，它在存在活动中获得现实性的东西。阿奎那指出，"存在者"表示东西本身的实在性，它是绝对抽象的存在；而"是"或"在"表示的则是一种限定性的逻辑关系。"存在者"不等于"存在"，二者的顺序是，由"存在者"而"存在"，而非由"存在"而"存在者"。因此，尽管拉丁文的"Ens"在英法语言中常被对应为"Being"和"Etre"，可是，它的意义并非人们常说的"Existentia"即"存在"，或者"Esse"即"在"或"是"。

托马斯·阿奎那在他的《反异教大全》卷二第54章指出："存在是一个实体被称作存在者的根据。"由于实体都具有现实性，所以，实体是存在者。可是，由于实体中还包含潜在性，所以，实体不等于存在者。在此，"存在者"的概念所强调的是实体的最根本状态——存在，并且表示其存在状态并非自有，而是在存在活动中所获得的现实。"存在者"

是存在活动产生的个体，"存在者"不同于"事物"，可是，"事物"这一名称表达了它的属性。"存在者、事物、实体三者的关系是这样的：'存在者'表示实体的存在态，'事物'表示实体的本质属性，'实体'的完整意义是'存在着的事物'。"

在阿奎那看来，"存在者"既是人对事物的第一知识，又是人对于事物的最后知识。这是因为，存在是理智首先认识的，而且最明显地认识到的。"存在是理智的第一对象和形式对象。"阿奎那指出，上帝是"自有的存在者"，因为上帝是"存在"与"存在者"无区别的——既是赋予一切事物存在的纯粹活动，又是这一活动的自因，即通过自身活动而自满自足的存在者。"共有的存在者"则是表示一切存在者的普遍概念。它是理智抽象的最终结果，表示一切事物共同享有的存在。阿奎那认为，亚里士多德所谓的形而上学研究的"存在之为存在"指的是"共有的存在者"，因此，形而上学是最抽象、最普遍和最高的科学。所以，亚里士多德认为，形而上学是研究万事万物的"本原"与"最高原因"的哲学。

阿奎那完全赞同亚里士多德的说法，认为形而上学是最后的哲学，又是"第一哲学"，而这"最后"的原因即是"上帝"。阿奎那的理由是：宇宙间的任何事物并非都是永恒的绝对的"存在者",而是暂时的、有条件的"存在者",这种"有限的存在者"由于其本质的规定性决定了其本身不可能由自己而存在,一定需要借助于外在的原因——需要一个"绝对的无限的存在者"的帮助才能得以存在。那么,这个"绝对的无限的存在者"的本质与存在不像在"有限的存在者"那里存在着区别,它的本质即是它的存在,否则就不是绝对的和无限的。阿奎那指出,这个"绝对的无限的存在者"无疑就是"上帝",因为上帝是"纯粹的有",其自身就是原因。就此而言,上帝是任何事物存在的本原,是"一切存在者之存在者",万物自身不是自己存在的原因,只有依靠上帝而存在,以上帝之有而为有,就好比水的热并非靠自己变热,而是依靠火的帮助。因此,阿奎那认为,形而上学最终可归结为神学,因为神学所思考、研究的"自有的存在者"意义上的上帝是最纯粹的存在,并且,其存在源于自因。所以,神学位于最高科学之上。

由此,阿奎那强调,上帝是存在与存在者的统一,存在与本质的统一,上帝的本质即是其存在。那么,万物作为"暂时的、可能的、有限的存在者"与上帝这一"永恒的、绝对的、无限的存在者"是如何发生联系的呢?阿奎那认为,万物"暂时的、可能的、有限的存在"从根本上来讲是一种"分有"的存在。

分　有

万物何以从"存有（*存在*）"的角度看而"道通为一"，同时又由分殊的"存有者（*存在者*）"去看却是"分化为多"呢？托马斯·阿奎那在处理这一形而上学核心问题的时候，采取了"分有学说"。

"分有"一词，依照拉丁文意思，指的是取一部分，或有一部分。"分有"作为概念出现，源自柏拉图的哲学，他借此来描述理念和感觉殊相的关系，喻指世间诸存在都源自观念的美善。柏拉图认为，观念界的美善是完整的、十全十美的，而感观界的美善只是观念界美善的投射与模仿，从而只有观念界的"部分"。"分有"概念首要指出的就是形而上学的问题，即所有具体的、个别的存在者，都是"绝对存在者""纯粹存在者"落实到人世间的具体呈现。阿奎那指出，"分有"就像是分取某物的一部分，故当某物接受那完全属于另一物的一部分时，即为在它（*另一物*）内分有。

阿奎那借"分有"概念指出，万物"暂时的、可能的、有限的存有（*存在*）"分享了上帝"永恒的、绝对的、无限的存有（*存在*）"；反过来讲，上帝的无限的"有（*在*）"渗透在一切有限的"有（*在*）"之中。显然，分有学说对于阿奎那建构他的理论是非常重要的——如果没有"分有",上帝就无法被认知,受造物也就无法被理解。从受造物当中所发现有限、不成全的超越属性,进而辩证地上升到绝对无限和完满的有,这一问题本是一个由来已久的哲学问题。从柏拉图到阿奎那,其间所有杰出的哲人都曾论及"分有"——借着"分有",不成全者才得与整体和成全者发生联系。那么,托马斯·阿奎那是如何建构他的"分有"理论的呢?

阿奎那的分有理论深受前辈思想家的影响。阿奎那深研柏拉图、亚里士多德思想,也接受奥古斯丁、狄奥尼索斯和波爱修斯的灵感,更深入探讨阿拉伯哲学,研究阿威森纳的思想,从而使其分有理论博采众长。依照柏拉图一和多的辩证,每一分有共同形式的殊多,须先预设一个拥有形式自身的存在。阿奎那进而指出:既然有别于他物的万物皆具共同形式——存有(*存在*),因此,它们之成为存有(*存在*)并非源于自身,而是借某种原因之行动而存有(*存在*)。阿奎那由柏拉图之殊多到统合的辩证,导引出诸多存有者(*存在者*)并非自因,而是另有他因——万物正是"分有"那根源之美善而已。亚里士多德认为,从有限之美这一事实来看,一定需要有一绝对完美的存在,这对于解答不完美和有限的事实是不可或缺的。阿奎那认为,由于"己之所无,无法予人"的道理,那么,分有的本原因此必有丰盈的完美,所有那较不完美的存有者（存在者），必得起源于那是它们根源的存有（存在），因为"那借分有而如此之物，那变动和不完美之物，总是需要预设某物之存有（存在），且此物是本质就如此这般不变动和完美的"。

新柏拉图学派所主张的分有学说，共含四项基本成分：第一，宇宙间只有一个完美的本原；第二，这一完美本原共同的完美，由本原与其所分有者所共享；第三，殊多的分受者依其接受能力有限地分有完美；第四，被分有者与分有者的关系可以被理解为现实与潜能之间的关系。伊斯兰教哲学家阿威森纳主张，经由它物而存在者，必溯源于那"存在自身"。阿奎那由此更进一步断言："从那唯一存在而来的存在者，自身并非存在，其借'分有'而具存在。"这划分出了非必然存在和必然存在——非必然存在由潜能、现实组合而成，有变化、不完满；必然存在则是纯现实，不再变化，因其已是最完满的，其为非必然存在之根源，非必然存在则借着"分有"而获取自身的完满。

柏拉图从智力所晓悟的观念为其出发点，注重"超越性"；亚里士多德的研究起点，则与柏拉图迥异，他由知觉可知的有形之物出发，注重"内在性"。柏拉图、亚里士多德两位古希腊哲人所引发的形而上学的张力，使得之后的哲学家孜孜不倦于两者的调和，而此调和的工作在"分有"这一问题上似乎有重要的成果——"分有"的哲学探索在柏拉图、亚里士多德二人思想的交集下，形成一个思想的基调，即以希腊新柏拉图主义为起点，过渡到伊斯兰教新柏拉图主义之一神论，进而终止于基督宗教的创造理论之系列中，并在托马斯·阿奎那这里引申出一种更为深刻的创造性的观点：他提出了内在展现的"存在"这一概念，从而为分有学说提供了终极的基础。

阿奎那在对彼得·伦巴第的《神学纲要》一书的注释中认为，"存有（存在）"一共可以包含三种意义：事物的本性或本质；本质的完全展现；判断中的系词。因此，他认为，一切受造物的受造原因尽管都彼此互异，但却有着共同的特点，那就是"有（在）"，殊多相异之万物，在分有"有（在）"的共同形式中，已"道通为一"了——借助于"分有"的哲学建构，阿奎那论证了存在者从根本上来讲是"在'有'中的'在'"。"不论托马斯有意或无意，他的确建构了一个为亚里士多德所拒绝的柏拉图式的分有学说。分有在他的哲学建构上虽然是一块石头，但它却是一块基石，少了它，则托马斯学说势将倾圮。分有学说是重要的，如果否认它，那么，托马斯·阿奎那的重要学理将无法证立；分有学说更是托马斯哲学系统的核心，深具第一重要性，因它是一个人对神之关系的学说。我们除非预设分有，否则神无法被认知，受造物无法被理解，因为就万物而言，首要的真实是：万物皆为受造物，其系属于存在自身的神，这样一种自身存在只与非存有（非存在，non-being）判然有别。"

阿奎那"分有观"中有四大原始构成要素：第一，实现的优越性；第二，实体形式的一致性；第三，灵魂的位格性；第四，本质与存在的区分性。这四大构成要素中含纳了托马斯·阿奎那对事物结构的基本划分与认识，它包括"实体与偶性""现实与潜能""形式与质料""本质与存在"等方面，成为托马斯·阿奎那形而上学思想的核心构成。

实体与偶性

在西方哲学史上，亚里士多德将事物分成十个范畴，他的思想在中世纪时被阿拉伯伊斯兰哲学家法拉比（874～950）和犹太哲学家阿威森纳等人所发现并得以注释和逐渐传播。亚里士多德认为，世界是永恒的，而非被创造的，实体本身即是变化的根据与原因。阿奎那的实体理论建基于亚里士多德的实体理论之上，但是又存在明显的不同，这是因为，阿奎那的实体理论以"上帝创造世界，世界并非永恒，世间万事万物皆被动与有限，必须有一个自动的、无限的最后根据与原因"为逻辑前提。

托马斯·阿奎那认为，"实体"是哲学家对人们在具体的事物中将其所承认的不变的东西的抽象表述，它不仅意味着由自己而存在的东西，而且还意味着由自己而存在的本质；"偶性"即实体偶有的属性。阿奎那指出，实体与偶性这两个概念不是凭空虚构的，而是以客观事实为根据、从现实中推论出来的。"实体"是关于一个事物是什么的那个东西，例如人、马或者这个人、这匹马等——实体即是主体，它是首要的、独立存在的，其本身是不变的，是以自己为根据的存在。"偶性"是关于实体性质的描述，例如，高矮、黑白等——阿奎那认为，当人们承认"高矮""黑白"等是这些实体的性质时，不会如对待"实体"一样将其视为独立存在的东西（例如独立存在的高、独立存在的黑等等），因此，这些性质是依附于实体的存在，是实体偶有的属性。

显然，实体是以自己为根据的存在，可是它却能接受其他的附属物而成为其他事物所依附的主体，并被其他东西所表述。所以，"实体"可以有两种解释，一是定义所指示的事物的本性，二是指主体和个体。偶性则不然，它必须依附于实体（主体）而存在，为实体（主体）所规定。因此，偶性的本性是依附于主体并参与主体的存在，以使主体的样式具体化。实体（主体）是主词，偶性则是宾词。例如，在"人会跑"这句话中，"会跑"是"人"的属性，它表述

"人"这个主体（实体），并且作为"人"这个主词的宾词。

阿奎那认为，实体先于偶性并占有偶性，没有实体，偶性无所依附，没有实体，人们也无法表述。因此，现实生活中不存在没有偶性的实体，也不存在没有实体的偶性。实体意味着由自己而存在的东西，而偶性则是依附者。然而，实体并非具象的，而是抽象的。它不能被看到或接触到，只能被设想和理解，能够被看到或接触到的都只是些偶性。就此而言，实体也是透过偶性来认识的。现实生活中人们所看到的对象不可能只是实体而无偶性，或者只是偶性而无实体。所以，尽管实体与偶性有区别，可是常常密不可分——人们看到的必然是一个具有偶性的对象，人的理智也必然是通过其偶性来认识具体的实体。因此，阿奎那认为，"实体"是在偶性背后发现的一个词，并且，"实体"这个主词可以从其宾词中理解和认识。

一方面，作为主体的本身不会为其他东西所限定或成为其他东西的属性，因此，实体是变中的不变者；另一方面，实体本身具有自己的限定与属性，并且由于这些限定与属性而被认识、被区别，因此，实体同时是一个实际活动的中心——人们根据不同的活动而认识这些活动的实体。例如，人们由于看到苏格拉底的演讲而认识他。基于此，阿奎那有时将实体直接归结为"本质或本性"，有时则直接称之为"个体或实质"。归根到底，实体即是事物的本质性，作为独立自存的上帝是任何被动的、有限的实体的最后根据与原因。

托马斯·阿奎那根据其存在与本质关系的学说将实体分为由高到低三个等级。上帝是最高实体——上帝的实体没有存在与本质的区分，上帝的本质即是其存在。第二类是精神实体——精神实体含有存在与本质的区分。精神实体从上帝那里获得使其成为现实的存在活动，其本质是固有的潜能。一方面，精神实体中存在与本质的区分意味着其不可能完全、充分地接受或分有纯粹存在，这一点将其与上帝区别开来。另一方面，精神实体只有存在与本质的区分而无形式与质料的区分，从而将其与有形实体（*物质实体*）相区别。第三类是物质实体——物质实体包含了存在与本质以及形式与质料的双重区分，而区分越多，对现实性的限制就越大，于是，物质实体比精神实体享有更少的完善性。

质料与形式

亚里士多德在对"现象"的生成变化的探究中，从"变"的现象直透到"常"的本体——他通过化解伊利亚学派所主张的"常"与赫拉克利特所主张的"变"的矛盾，提出"范畴论"与"形质论"，从而为形而上学的发展、为托马斯·阿奎那关于质料与形式的思想奠定了有效的基础。

在古希腊先哲苏格拉底时期的自然哲学思想构成中，围绕自然之"变化"的问题，有两个较为极端的思想流派，一个是以巴门尼德为首的伊利亚学派，以思想法则的"常"为宇宙万物的真相；另一个是赫拉克利特，他以"变"为宇宙万物的真相。柏拉图将这"常"与"变"的关系对立起来建构了他的著名的"理念论"，主张上界的理念界是"常"，而下界的感官界则是"变"，二者的关系借"分有"来实现——"常"意味着完美，"变"意味着"缺陷"；感官界的完美源自理念界的完美。亚里士多德抛弃了柏拉图极端二元论的思想，以"范畴"的实体与属性的划分，在同一个存在物中赋予了"常"与"变"两种个性，这样，就使得不变的"实体"与变化的"属性"所结合成的事物同时拥有了"常"与"变"的潜能。然而，"范畴论"所解决的是现存万物的"常"与"变"的问题，为了更好地解释万物"从无到有"以及"从有到无"的生灭现象，亚里士多德提出了"形质论"，即形式与质料的学说。亚里士多德主张，实在是由形式与质料建构而成的，每一个生物，都由作为形式的灵魂与作为质料的肉体组成。因此，在一种意义上，事物的生成是把形式引入质料的结果，但是，形式和质料这对范畴并不与现实和潜能这对范畴相关联。在另一种意义上，形式与现实关联，而质料则总被理解为潜能。在后一种意义上，事物的生成是潜能质料的逐渐发展过程，因而这个事物也就成为赖以获得形式或现实的个体。这后一种观点关系到实体性变化的连续。托马斯·阿奎那并没有简单照搬亚里士多德的理论，因为阿奎那看出了其中的不完备之处：亚里士多德一方面认为质料是潜能，另一方面又认为质料是运动的载体和变化的不变基质；不仅如此，更为矛盾的是，亚里士多德一方面认为质料是无差别的一般状态，另一方面又认为形式是普遍本质，它与质料相结合的意义在于被质料分化为特殊本质，因此质料又被称作"个体化原则"。阿奎那重新分析了"质料与形式"的关系特别是"质料"的意义，以消解亚里士多德理论造成的矛盾。

阿奎那认为，形式与质料的结合才构成具体的事物：形式是规定性的现实原理，给质料以规定；质料是无规定的潜在原理，只能接受形式。二者结合，组成宇宙万物。阿奎那提出"实体形式"的概念，指出它是任何事物的首要决定因素，因为任何事物或实体都是由以下两个结构因素组成，一是实体形式，另一个是原初质料。所谓"实体形式"，即是一种规定性的因素，例如，桌子的实体形式是使木材（质料）成为桌子。值得强调的是，阿奎那这里所说的实体形式是抽象的内在活动和实现的因素，就好比设计师头脑中的图样。

为了消除亚里士多德对质料所作的矛盾的分析，对于"质料"的意义，阿奎那作了较为详细的解释。阿奎那认为，自然界中现存的、看得见摸得着的、可以用化学或物理的分析来认识的物质是自然的物体，可以称之为第二质料。第二质料经过再分析，会得到一种尚未定型的质料，因此，质料之后还有质料，最终一定会得到一种完全纯粹的质料，即"原初质料"。原初质料是一种潜在的因素，它不能独立存在，却可以与各种实体形式结合而存在，构成具体的事物。因此，原初质料对于任何事物都是不可或缺的，而且也不会消亡。所以，阿奎那指出，在事物的生成与毁灭的过程中一定有连续性，而原初质料就是连续的因素。

根据阿奎那的思想，世上任何一个事物都由实体形式与原初质料组成，实体形式是实体存在的根本，原初质料是实体形式的依据，二者共同构成实体存在的不可缺少的条件。同时，阿奎那又强调，形式与质料的关系也就是一种"现实与潜能的关系"，形式作为现实而实现存在，质料作为潜能既是形式的依据又是实体存在的原料。因此，"任何事物都是由形式与质料组成的"，而"凡是在形式与质料所组合的实体中，也有现实与潜能的组合"。既然所有的事物归根到底都是由实体形式与原初质料两个因素组成，可见凡是组合的事物都包含现实与潜能，这就意味着它们本身是不完满的，不是绝对现实的，就如同受热的东西不可能是绝对热的，只是接近热而已。

值得注意的是，阿奎那强调形式与质料的关系也是一种现实与潜能的关系时，其用意与目的与亚里士多德的思想有所不同。亚里士多德在他的《形而上学》一书中认为，原初质料背后还有质料，可以一直推到没有任何规定性的纯质料即原初质料；形式之后还有形式，可以一直推到纯形式即最高形式，即没有任何潜能的完全现实的形式（他甚至将其归结为神）。然而，他所强调的是对于一个具体事物的研究，并非是去探究作为第一原因的最高形式与原始质料，而是要认识和这个具体事物最接近的质料和这个具体事物所特有的形式。

亚里士多德力图证明事物的内在统一性与事物存在的自身原因，因此，他强调，形式与质料本来是同一的东西，只是由于不同的存在方式才有现实与潜能之分。与亚里士多德不同，阿奎那提出实体形式与原初质料的概念在于强调独立的纯形式和纯现实，以此证明在事物之外存在着一个终极原因（纯形式），正是这个终极原因使得由形式与质料两个因素组成的、处在潜能之中的事物成为现实。阿奎那将这个终极原因归于上帝——上帝是一切由形式与质料、现实与潜能组合的事物的最终原因。阿奎那指出，上帝是绝对的形式、绝对的现实，因此，只有上帝才能使得一切潜在的组合的事物得以实现，就如同受热的东西因火而变热一样——火本身是纯粹的热、绝对现实的热，受热的东西与火相比只是潜在的可能，而火正是这潜在的可能变为热的东西的"原因"。

阿奎那在强调形式是事物的规定性原则的同时，也强调"质料是有形事物个体化的因素"。阿奎那指出，事物成为这个或那个个体化的原因主要在于质料，并且，此质料并非所谓的尚未定型的"原初质料"，而是已经有数的定型的"第二质料"。那么，阿奎那的这一与众不同的观点是否与基督宗教"灵魂对肉体的规定"的基本信仰相违背呢？显然不是。阿奎那认为，人人都有相同的灵魂这种实体形式，可是，最初的灵魂就如同一块蜡版，上面什么也没有写，只是通过与不同的肉体即质料相结合，才出现各种不同的个体差异。按照亚里士多德在《论灵魂》中所提出的观点，体质柔软的人思想相应也就灵敏，那么，肉体的情况越好，灵魂也表现得越好。因此，阿奎那强调个体的实际表现如何有赖于质料。显然，阿奎那所说的质料是个体化的因素的观点，是以灵魂的决定作用为前提而提出的一个顺应时代发展、博采众长的发展了的观点。

现实与潜能

根据阿奎那的观点，一方面，形式与质料的关系，也是一种现实与潜能的关系，这是因为，阿奎那将形式看作一种现实，把质料看作一种潜能，而形式之赋予质料以规定，犹如现实之成全潜能。另一方面，阿奎那又指出，形式与质料只适用于具体事物，现实与潜能却涉及一切有形与无形的有限事物。

阿奎那认为，现实与潜能是事物变化、运动过程中的一种客观存在。例如，医生会治病，在此，医生是实际存在的，这就是哲学上所谓的"现实"，它意味着确定与完满、完成。而医生即使在不工作时仍然具有的治病的能力即被称为"潜能"——相对于"现实"来说，潜能意味着确定、完满、完成的欠缺。所以，一切有限事物的存在都包含着现实与潜能的关系，并且，潜能在其中不断地发展与具体化，并且出现由一种存在方式转变为另一种存在方式。例如，水变成蒸汽——水是一种存在方式，蒸汽是另一种存在方式——水是现实的存在，当它变成蒸汽时，蒸汽也是一种现实的存在。因此，现实表示的是事物的实际事实与事物变化的终点。

阿奎那认为，从形而上学的层面讲，现实本身不再表示变化，而表示变化的"完满实现与完成"，即"现在的完满的存在"。反过来说，"存在就是一切事物的现实"。而潜能与现实相反，它表示目前还没有成为事实却具备应有的一切规定性从而能够实现的和能够成为事实的一种可能性。潜能表示事物变化的起点，它的终点才是现实。然而，现实先于潜能，而非潜能先于现实。这是因为，从逻辑上讲，任何变化都必须有个根据即变化的主体——潜能所赖以变化为现实的实际事物，例如歌手运用嗓子使歌唱的潜能变为现实。因此，阿奎那指出，潜能不能单独存在，而是与现实联在一起而存在，并且依赖于现实的东西而变为现实。现实先于潜能，因此，现实就成为一切事物的形而上学原则。

为此，阿奎那提出"纯粹的现实"与"复合的现实"两个概念。所谓"纯粹的现实"，指现实本身具有一切而不包含任何潜能或可能性。它是绝对的现实。所谓"复合的现实"，指现实本身包含潜能，对将来的变化具有可能性。阿奎那指出，纯粹的现实只能是一个，多则不能称其为"绝对"，此外，任何现实都是复合的现实，而任何一个复合的现实或具体的存在的出现都有其原因，并且，这个原因绝非自身。如果不断地追寻这个原因，最后必然将其归结到一个没有潜能的纯粹的现实——其本身没有变化也没有原因，却是一切复合现实的第一推动者与终极原因。阿奎那认为，这个纯粹的现实只适合于上帝，因为上帝是绝对单纯的自我存在，只有上帝不存在现实与潜能复合的问题，也只有上帝是纯粹的现实，因此而作为一切复合现实的原因。

本质与存在

阿奎那认为，本质就是定义所指示的内容。例如，在人的定义中包含的是人性，而"人之所以为人的就是指人性"，在此，"人性"即为人的本质。就自然界万物来讲，其本质就是质料与形式所组成的东西。例如，人即是由灵魂（形式）与肉体（质料）组成的一个复合实体。因此，人的本质即是由灵魂这一形式所规定其肉体这一质料的一个确定的实体概念。所以，就实体而言，本质不仅仅指质料，也不仅仅指形式，而是指由质料与形式共同组成的东西。

在此，阿奎那强调质料与形式不可分离，它们是一切自然物的本质组成因素，其中任何一个单独的因素都不可能组成事物的本质，这种观点对于当时占主流的柏拉图—奥古斯丁思想无疑是一种巨大的挑战。按照奥古斯丁的思想，只有灵魂规定人的本性与本质。阿奎那则鲜明地提出，灵魂不是实体，只有灵魂与肉体的结合才组成一个统一的实体，人的本质是灵魂与肉体的结合。

阿奎那认为，实体即本质，而存在即是本质的实现，如果不承认本质，就无从知道存在。存在说明一种现实——所谓某东西的存在，不是因为它事实上处于潜在状态，而是因为它事实上处于现实状态。对一个具体的事物来说，存在与本质的关系类似于现实与潜能的关系：存在如同现实，本质如同潜能，本质是事物之所以为事物的基本因素，存在是本质的具体化。因此，对事物本质的认识即是对这一事物存在的认识。然而，本质不等于存在，二者间有"实际的区别"，然而却又是"实际的结合"。

在阿奎那看来，无论是这种实际的区别还是实际的结合都要通过形而上学的思考加以认识。这是因为，本质与存在并非两种物质的东西，可是，它们的确是两个既有区别又不可分离地结合在一起的东西。实体的存在，即是实体的本质的存在——本质由于存在而得以体现，存在又为本质所"接受"与"限制"。因此，本质与存在虽有实际的区别，却又是实际的结合，本质与存在由此而成为事物的基本构成因素：本质是规定其实际存在成为这样或那样的东西，存在则是实现其本质。

当然，由于上帝是绝对的纯粹的存在，因此，上帝的本质等于其存在。阿奎那认为，上帝是最完满的存在；人从上帝那里获得其存在，从而使得人由于上帝的存在而存在，上帝成为人存在的第一原因。不过，人的存在只是"类比"上帝"完满存在"的"不完满"的存在。根据阿奎那的思想，上帝是自有的存在，而受造物则是分有的存在——在此，"存在"一词不是一个"单义"词，而是"类比"词，并且，"上帝的称谓与被造物的称谓的意义是依照比例的类比"。

"类比"一词源于希腊文"aná-logon（依照关系）"。"类比"方法由亚里士多德最先发明，他认为，"存在"的概念因为涵盖了一切，因而是"类比"的。当然，这"类比"概念的获得是透过"归类"和"抽象"作用得来的，也就是说，亚里士多德所用的思维方式，是由感官世界的知识进路，逐步走向观念世界，甚至抵达观念界的高峰"存在"或是"观念的观念"。按照阿奎那的"分有"理论，如果说被造物的完善性是对造物主完善性的"分有"，那么至少应该承认分有者与被分有者之前的相似性，阿奎那称之为"类比"。因此，"存在"这一名称被运用于不同对象时意义并不相同，但都与上帝的存在相联系，或者说，都应在与上帝存在类比的关系中被理解。

阿奎那将存在视为所有事物中最内在和最深刻的东西。阿奎那反对当时阿拉伯哲学家所提出的存在是一种偶性的观点。他认为，存在是一切偶性的基础，正是存在才使得一切偶性成为可能，如果没有存在的现实，则本质也不会实现，存在是本质本身的基础。阿奎那将存在理解为最高的完善性，以一种存在主义代替本质主义。他强调存在的特点在于其现实性，任何事物、形式或本质在获得存在之前都中介一种潜能，因此，在关于存在与本质的关系问题上，阿奎那颠覆了传统观念中将存在当作实体可有可无的偶性的观点，以及本质先于决定存在的观点。他提出，存在高于、优于、先于本质；存在是使潜能转变为现实的活动，一事物并不因其潜能而被称作存在，其存在基于它在活动这一事实；没有存在，就没有实在的本质，所以，本质依赖于存在。阿奎那强调，存在是自在的活动，有着自身的原因，它不因与本质发生联系而增加自身的完善。在此，他对于存在的解释无疑是形而上学历史上的一场革命。

上帝的存在

阿奎那坚信用理性的方法可以证明上帝的存在，他按照类比推理与因果推理相结合的方式，提出了上帝存在的五个证明。阿奎那认为，归纳与演绎是论证的主要方式：归纳是从个别到一般，演绎是从一般到个别。人们又可将演绎分为先天演绎与后天演绎两种。"先天"的意思是从在先的实在开始，由原因到结果；"后天"的意思是从首先注意到的东西开始，由果溯因。阿奎那指出，任何关于上帝存在的证明都是演绎证明，而且只能是后天论证。他将安瑟伦（1033～1109）关于上帝存在的"本体论证明"视为先天论证的一个范例。他认为，观念并非存在的原因；安瑟伦的错误在于将需要证明的结论当作证明的前提，因为安瑟伦是从最高原因即作为最高存在者的上帝出发来证明上帝的存在，这样的"先天"证明显然是无效的。有效的证明只能从人们所熟知的经验到的事实出发，由果溯因，从而推导出一个必然的终极原因。值得注意的是，阿奎那所主张的后天证明从经验观察的事实出发追溯其超验原因，其所遵循的是由感性上升为理性的亚里士多德主义的认识原则，这与奥古斯丁由人的心灵深处挖掘以及安瑟伦由先天观念的意义中分析的证明方式大相径庭。由此，我们可以看出亚里士多德主义与奥古斯丁主义的清晰分野。

阿奎那按照后天证明的思路，提出了上帝存在的五个证明。

第一个证明所依据的是事物的运动，源于亚里士多德"第一推动者"的观念。阿奎那指出，人们都可以感受到运动这一事实，其原因在于，一事物的运动在于另一事物的推动，第一推动者又被其他事物所推动，由此构成运动的因果系列。如果我们追溯，必然会找到这一因果系列最初的一个"不动的推动者"，正是这个"不动的推动者"启动了前因后果的因果链，而其本身却不受任何东西所推动，而人们都明白，这个"不动的推动者"就是上帝。

第二个证明所依据的是动力因，源于亚里士多德的运动观。阿奎那指出，万物都以一个在先的事物为动力因，没有谁是自身的动力因。由此上溯，必然有一个终极的动力因。这是因为，一个运动的序列如果没有开始，也不会有中间与终点，如果没有终极的动力因，也不可能有中间原因与最后结果。因此，我们必须肯定动力因序列是有限的，存在一个终极的动力因，我们称之为上帝。

第三个证明所依据的是可能性与必然性的关系，它包括两个步骤：首先由可能存在推导必然存在；再由事物的必然存在推导"自因"的必然存在。这样的论证源于阿威森纳的思想。阿奎那指出，人们会常常看到自然事物的生灭变化，因此，万物可能存在，也可能不存在。而现有的某些事物存在的事实告诉我们，有些事物必须作为必然的事物而存在，否则，在某一时刻万物都可能不存在，而事物的产生是借助于某种存在，如果在某一刻万物不存在了，这将意味着任何事物都不可能成为存在，如此一来，现在也不可能有事物的存在了。这显而易见是荒谬的。因此，必须、肯定有必然存在的事物。对于必然存在事物的原因，阿奎那认为，有些事物的必然性是由其他事物所致，而有些则不是。一个必然事物造成另一个必然事物的序列不可能无限延伸，最后必然会到达一个终极的、自身具有自己的必然性、不从其他事物那里获得必然性的必然存在，这个必然存在的终极原因或自因就是上帝。

第四个证明所依据的是事物完善性的等级，它也包括两个步骤：首先证明存在一个最完善的东西；再证明这个最完善的东西是其他事物完善性的原因。这样的论证源于对柏拉图、奥古斯丁和安瑟伦思想的参考。阿奎那指出，人人都会注意到，一切事物都有或多或少的完善性，如真、善、美等品质，而这些不同的完善性都是相对于一个最高的完善性而言的，正是因为它们与这个最高完善性相比较的意义上，我们才判断它们具有某种程度的完善性。因此可以肯定存在着一个最完善的东西，它是其他一切事物完善性的最高原因。事物不同程度的完善性可以被视为完善性序列的不同环节，在此序列当中，较完善的事物是低一级事物的原因，最完善的事物是所有或多或少完善的事物的终极原因——"正如火是最热的，从而是所有发热事物的原因。同样道理，必然有一个最完善的事物作为所有事物的存在、善以及其他完善性的原因，我们称之为上帝。"

第五个证明所依据的是自然的目的性，源于亚里士多德的"目的因"思想。阿奎那指出，人们会注意到，万物的活动都朝向某一个目的，并遵循可以达到最佳结果的同一条路线活动——这种活动的目的性与统一性可以证明它们的活动并非偶然，而是隐含预期的目的。对预期目的的确定需要一个有知识与智慧的存在者指导，否则，没有理智自然物就不可能朝向其目的而活动，恰如没有射手箭便不可能飞向目标一样。因此，必然存在一个成就万物的目的的预谋者安排世界的秩序，而他就是上帝。

托马斯·阿奎那多方综合先哲的思想，按照"由果溯因"的思想架构，对这五个证明作出了全面的总结与概述，它们与安瑟伦的本体论证明一起构成了基督宗教哲学关于上帝存在证明理论的主体，而西方哲学家在此后所提出的证明一般都以它们为基础。

小　结

托马斯·阿奎那的形而上学体系是其哲学思想体系的基础，也是基督宗教哲学理论体系中的经典。阿奎那的形而上学是继承亚里士多德的理论之后结合基督宗教的神学思想而建立起来的。阿奎那在建构其形而上学体系和确定终极原因的问题上，利用了亚里士多德的形而上学本体论的学说，在运用"类比"理论的同时，又借鉴了柏拉图等人的"分有"理论，将上帝预设为绝对的存在者，将万物视为有限的与可能的存在者，以建起万物与上帝的联系——万物源于上帝并"分有"上帝的美善，上帝是万物的本原，万物的美善皆在与上帝至美至善的"类比"中得以存在。因此，从理论特征来看，阿奎那的形而上学从人的感觉与经验出发，通过对存在、实体与偶性、形式与质料、现实与潜能、本质与存在等问题的分析，探析事物的结构与原因，最终将终极原因归于上帝，从而使得其形而上学本质上成为对上帝的确认的理论。阿奎那的形而上学即第一哲学本身全部以认识上帝为最终目的，因此，第一哲学也可以叫作神圣的学问。

第 4 章

伦　理　学

托马斯·阿奎那最重要的思想贡献在于，以古希腊哲学家亚里士多德的哲学思想为基础，阐释基督宗教的教义，主张在理性与信仰之间不存在针锋相对的冲突与矛盾。因此，其伦理学思想在借鉴亚里士多德幸福论、目的论与理性主义思想基调的同时，更多呈现出基督宗教的神学特征。然而，神学并非抹杀人学，托马斯·阿奎那的神学伦理学始终没有离开对人、人性、人的行为与目的的阐释，从而也同时体现出其特有的人学特征。

亚里士多德在《尼各马可伦理学》一书中指出，人的行为都具有目的性——以追求人生的幸福作为目的，幸福在于以人的最高贵的能力去追求最高与最尊贵之物，即对原动的不动者——上帝这一最高之物的"沉思"。这样的幸福也伴随着其他的美好之物，如友谊以及对物质的有节制的享受。亚里士多德的伦理学是一种目的论与幸福论共存，同时又充满理智主义色彩的理论。托马斯·阿奎那找到了亚里士多德伦理学理论的可取之处，可是，他并没有完全照搬。这是因为，在阿奎那看来，亚里士多德所认为的真正幸福的人是能够"沉思"的"哲学家"，而非基督宗教所强调的"圣人"。也就是说，由于亚里士多德缺乏对有关上帝的知识的了解，因而他所做的仅仅是分析现世的、暂时的、部分的善与幸福，而没有认识到基督宗教思想中所提倡的源于上帝的真正幸福与至善。因此，托马斯·阿奎那的伦理学理论是由基督宗教信仰出发，在借鉴与改进亚里士多德理论基础上提出的一套系统思想。

阿奎那的伦理学思想主要见其《神学大全》第二部、《反异教大全》第三部、《论恶》、《德行总论》、《自由辩论集》等著作，以及他对亚里士多德《尼各马可伦理学》的注释中，其中，《神学大全》第二部最为集中与典型。托马斯·阿奎那以上帝为原则，对人的伦理行为与目的、德行、自然法、良知等问题进行了深入的论证与诠释。

关于人的哲学理解

作为一个神学家，"神恩"思想是托马斯·阿奎那对人的哲学思考的出发点和基石。对阿奎那来说，一个人的行动如果由他的理性来支配，那么他是自由的；但是，如果其行动受欲望和情欲所统治，那么这个人便是处于被奴役状态。托马斯虽然强调人必须通过自然理性的努力以争取实现自己的目的，然而，他同时认为，人很难仅靠理性得救，最终还要靠神恩的帮助。对于人的哲学理解，托马斯·阿奎那的思想理论包含如下要点。

人是上帝的形象

在阿奎那看来，人是由上帝自由地从无中创造而来的。上帝是造物主，人是受造物，每一个受造物由于被造的事实而与造物主上帝有一种实在的关系。上帝为什么要创造呢？阿奎那认为，由于上帝本身是无限的美善，因此，上帝不可能是为了要获得什么而创造，而只能是要给予、分赐其美善。至于说上帝为什么要创造目前现有的这一个特殊的世界呢？这是上帝的奥秘。由于人的理智是有限的、不完全的，所以无法透彻明白上帝的计划与奥秘。因为上帝创造人，也因为上帝要分赐其至善，于是，上帝的至善就成了所有受造物的目的。所有受造物也都是某种程度地相似于上帝，人相似于上帝，也以获取相似于上帝为最终目的，人在这种与上帝"相似"的意义上，可以说是"上帝的形象"。

人是由灵魂和肉体组合而成的复合实体

托马斯·阿奎那哲学的基本人学观有两个层面。第一，强调人的统一性，主张人是由"肉体与灵魂所构成的理性存在"或"灵肉合一"。阿奎那哲学的基本人学观的第二个层面是强调灵魂不朽——在阿奎那看来，救恩并非只是灵魂的救恩，而是整个人的救恩——基督的到来是为了拯救人类而不只是拯救灵魂。阿奎那认为，人是一个统一体，"我"这个概念不单指灵魂，也不单指肉体，而是指"整全的人"。灵魂是"潜在地具有生命的有组织的肉体的现实或形式"。人事实上是一个由肉体与灵魂组合而成的复合实体。灵魂既不是一个以形式为职能的实体，也非一个不能成为这实体的形式，而是一个被赋予实体性的形式。也就是说，灵魂同时是"实体"，又是"实体形式"。

为什么灵魂的形式是肉体的形式？托马斯·阿奎那认为，灵魂是人生命的第一原理，每个人身上只有一个灵魂，而人的灵魂中较高级的部分是"理性灵魂"，理性灵魂正是人的实体形式。人的理性灵魂是能理解纯理性的实体；就理性而言，其实体性无所缺。然而，理智实体除非通过一个形体的媒介，否则，便无法与其他形体界接触。也就是说，理智实体必须变成可感觉形体之形式，也就是理性灵魂通过形体（肉体）的媒介下降到物质层面，才能与物质沟通。这是由实体的种类、存在的等级所决定的。因为，按照自然的秩序，人的有理智的灵魂在具有理智的实体之中地位最低：它对于真理，不像天使那样有天生的知识，它必须从由感官所感受的那些物质的东西里搜集它的知识。所以，人的有理智的灵魂，不仅必须有认识的能力，而且也必须有感觉的能力。可是，感觉不能没有一个有形体的工具。因此，有理智的灵魂，必须与一个可以成为适当的感官的肉体结合。所以，阿奎那所理解的"人"是一个复合实体，是灵魂与肉体的结合。

理智与意志是灵魂的特殊的理性能力

人之所以超越普通生物及其他动物的主要原因在于，人的灵魂是个理性灵魂，具有他物所没有的精神性的内在官能或能力：理智与意志。理智是一种"理性认识"能力。意志是一种"理性欲望"能力。人之所以被视为"上帝的形象"，是因为人"分有"了上帝纯粹精神体的精神性。不过，所不同的是，上帝的理智与意志为一，为无限的，而人的理智与意志为同一灵魂的不同能力，都是有限的，可合称为人的"理性能力"。

"理智"一词原为拉丁文"intellectus"，由"intus"及"legere"二词所合而成，而"intus"的意思是"内在"，"legere"的意思是"念""读"。照字面意思，就是"里知"或"内知"，也就是把隐藏于内部之物一一念出，或把存在于里面之物逐一加以揭示，是一种"理性认识"能力。所谓理性认识乃是有别于"感性认识"而言。人以外的动物只有与生俱来的感性认识能力，其认识的对象是物之个别性及物之外在部分，如物之形色，因此，必须受时空的限制。人除了具有与动物相同的能力外，还具有特殊的理性认识能力。而理性认识的对象是事物的本质。也就是说，理智的对象是普遍的、抽象的，而非个别的、具体的，故不受时空的限制。于是，阿奎那称理智是"万能的认识能力"，当理智进行理性认识活动时，如果其真正洞悉了所认识对象的本质，那么便获得了关于对象的"真实性"或"真理"。实际上，理智对一切事物的认识，都是获得其"真理"。

"意志"一词在托马斯·阿奎那这里是一种"理性欲望"能力。所谓"理性欲望"是相对于"感性欲望"而言的。同为欲望能力，感性欲望能力与理性欲望能力的对象（目标）

是相同的，均为"善"。然而，欲望本身是盲目的能力，只倾向于先由其他能力所认识的善，其他能力如果未提供善，未指出何物为善，则欲望能力缺乏对象。禽兽只能借由感性认识能力提供何物为善给感性欲望，而人则能够借助于理性认识能力提供何物为善给理性欲望（意志）。由于感性认识所及的对象是具体的、个别的、物质性的，因而所提供的善也是个别的善，感性欲望也只能倾向个别的善。相反，由于理性认识的对象是抽象的、普遍的、非物质的，因而所提供的善则为普遍的善，由此，理性欲望便以普遍善为追求的目的。总之，在人性行为或伦理行为中，理智与意志是两个彼此相关的要素，各司其职且互相配合，而一个有道德价值的实践，只有通过"正当的理性"加上"向善的意志"才能够获得。

人的位格

按照托马斯·阿奎那的观点，"位格"是"理性本性上的自立体"，他指出，位格是"整个本性中最完美之物"。由此，位格必须满足"理性的"和"个体"两个条件。阿奎那认为，满足此界说的存有（存在）有造物主、天使／人二受造物，而如果说到道德实践，那么就仅仅限于人的位格或称为"人格"。阿奎那认为，由于位格是整个本性中最完美之物，此名称更适用于上帝，那么，人的位格也因此是隶属于上帝的。也就是说，人之位格（**人格**）是分有了神存在的最高级的美善。人的尊严的哲学意义由此而产生。

在阿奎那看来，神恩并不摧毁自然，它只成全自然。托马斯·阿奎那对人的哲学理解所体现的根本思想就是：人的一切存在都源于上帝的神恩，这是人的所有理性活动的根据。人是上帝的形象，上帝的至善是所有受造物的目的，人作为灵魂与肉体组合而成的复合实体，一方面通过灵魂与神的精神相通，另一方面又借助于肉体与世俗社会相关。人的理性能力即理智与意志作为人的灵魂的不同能力，虽然有限，却是神的恩赐。因此，人的被创造意味着人生来就有超越价值和意义，那么，人的生存即是用其全部身心接受这种超越意义。就此而言，人是可以接受命令的生存者，人的责任感也在这种诚心诚意接受命令的过程中产生。在阿奎那这里，人对神恩的理解与感激的全部内涵就是人的责任感，由此，人的生活抉择的每一个获得都是对"顺着圣灵而行"指示的遵从。忘却了感恩，人的存在就没有了真实性——人从神那里取得了存在和人性，有了这两个条件的结合，才使人成为万物之灵，因此，神是人的第一因，也是最后因，人存在并非人自己抉择的结果，而是被给予的礼物。只有与那个超越的终极给予者结合在一起，人才能找到自己真正的本质。

人性行为与目的

在托马斯·阿奎那看来，人生的目的就是人的精神灵性向着无限终极实在的追求与开放过程。阿奎那强调，人所产生的一切活动并非都是伦理活动。阿奎那将人的活动分为"人的行为"与"人性行为"两种。所谓"人的行为"，是指人本能的、自然的活动，如条件反射、新陈代谢、生长发育等生理意义上的活动。阿奎那认为，这样的行为是"中性的"，性质上不属于伦理范围。所谓"人性行为"，则指人在理智的指引下经过意志选择的行为活动。阿奎那认为，人性行为与人的行为相比，前者需要经过人的理智认出目的（是否符合善与达到目标），并且由意志自由抉择而实现的活动，因此，它有道德与否之分，属于伦理范围。所以，阿奎那强调："伦理行为与人性行为是同一的。"就此而言，伦理学所要讨论的正是人性行为及其活动。

托马斯·阿奎那认为，亚里士多德所谓的人天生以追求善为目的乃是最基本与最现实的"人性行为"。在阿奎那看来，客观的善能够成为主观的满足与幸福。这是因为，一方面，人倾向于善是人的本性，既是自然的，也是必然的，因此，人的意志以善为固有对象。另一方面，善也能够使人得到自我发展与自我完满，人由于善而满足。人的意志倾向于善，这是上帝创造人时所赋予人的自然本性，因此它也意味着"人性行为"的目的性，即意志朝向理智所认识的目的。托马斯·阿奎那指出，意志所倾向的善，无非是使人得到自我发展与自我完成，即完满地实现人的本性，因此，善即是主观所希望达到的目的，人的意志不仅必然倾向于善，而且必然是以实现善为目的。阿奎那进一步指出，人的意志不仅必然倾向于共同的善和以实现共同的善为目的，而且又必然地倾向于最高的善即至善，并且以实现至善为最终目的——如果没有一个至善与最终目的，那么人类便没有了追求。然而，现世任何事物都是有限的，无法满足人的本性需要。而能够作为"至善"的东西必须具备三个条件：第一，自身完美无缺；第二，持久不变；第三，能够满足人的本性所有的合理要求。那么，能够满足这三个条件的只有上帝——所以，上帝才是人生的最终目的。

托马斯·阿奎那将至善与上帝画上等号，将人追求自我完善说成是归向上帝，上帝不仅因此成为人自我完善与完成的规范与最终目的，而且也成为人的幸福这一终极目的。基于此，人的真正幸福就在于以理智认识上帝、沉思上帝、享见上帝，上帝是人的行为的最高准则。

德　　行

　　托马斯·阿奎那认为，德行实质上是一种"习性"，一种选择的习性，一种使人易于行善的良好习惯。亦即说，德行不是变来变去的行为，而是附加于一个主体（人）身上的持久不易改变的特性。这种"习惯"之性不但能够促使人行善，而且使人易于、乐于行善。因此，从一定意义上讲，"习惯"是一种特定的"完满能力"。此外，托马斯·阿奎那还指出，"习性"本质上是一个中性词，它可能是好的，也可能是坏的。从伦理学的角度来看，好的习惯称为"德行"或"美德"，坏的习惯则称为"恶习"。因此，从性质上来讲，伦理德行乃是一种选择性的习性，即习惯于选择实践善的行为。

　　托马斯·阿奎那将德行分为"超本性德行"和"本性德行"两类。

　　所谓超本性德行，主要指神学德行"信、望、爱"这三种德行。托马斯·阿奎那指出，由于上帝具有超自然的特性，因此，人要想有效地结合于上帝而完善自己的本性，除了后天养成良好习惯而实现德行外，还需要有上帝直接赋予的先天禀性，否则，就会局限于现世而无法使超自然结合于自然以完善自己的本性。只有把握人生超自然的这种倾向，人生才能达到最终目的。而上帝赋予人的这三种超本性德行乃是上帝的恩赐，它绝不会取消人的本性，而只是有利于人的本性——神恩成全自然。托马斯·阿奎那将履行这三种德行的人称为"完人""圣人"。

阿奎那所谓的本性德行包括"理知德行"和"伦理德行"两种，其中，伦理德行主要有四种：审慎、公义、刚毅（**勇敢**）、节制。这四种德行被称为"四枢德"。

审慎之德指的是"行为的正理"。人们常常根据一个人的行为判断其善与否，而行为之为善，不仅在于一个人做什么，而且还在于这个人如何做——根据客观对象与条件作适当的选择以便有效地达到"善"。那么，当人履行一个行为时，如果能够依照正理，使行为得其"正"，这便是"审慎"之德的作用。因此，审慎的作用在于帮助人明辨是非、分别善恶、权衡利弊、比较轻重——出主意、下判断、作指示，使人的行为在正直的理智指导下，采用适当的方法，完善地实现自己的目的。阿奎那借用亚里士多德的"中庸"理论，认为一切行为之"过"与"不及"都是"缺少德行"即"恶"的表现，而"审慎"才是"适中"（**中庸**）的典范，即"常能看得其'中'"的美德。阿奎那认为，审慎是实现善的生活的必要和首要德行——就如同形式之规定质料，审慎是一切行为的指南，任何德行都要以它为基础，它使众德合乎中庸，一切德行都受审慎之德的管制。

公义之德即公正。西塞罗在《论义务》一书中认为，人的正直表现在他的公正，托马斯·阿奎那赞成这一观点，认为公义之德是"坚定而持久的意志维护每个人应有的权利"。在此，托马斯·阿奎那强调尊重他人权利必然是一种坚定而持久的意志，意思是说人要做到"公义"并非轻而易举。相较亚里士多德关于"公义"的论述即"公义是人按照公正的抉择而所显现的一种习性"，托马斯·阿奎那的思考似乎更全面深刻——在阿奎那看来，公义是一种包含个人意志和尊重他人权利的行为，它要求每一个人行使各自的权利与义务，同时也要求尊重他人的权利与义务。因此，公义是一种伟大的德行。

托马斯·阿奎那将公义划分为"一般公义"和"特殊公义"两种。一般公义的对象是公共或团体福利，因为其作用是引导人的行为趋向公共福利，为此，就得使人民奉公守法，循规蹈矩以共同促进公共福利的增进，就此而言，所谓的一般公义也称为"法律公义"，即法律公正。托马斯·阿奎那所谓的特殊公义的对象是私人的权利或者福利，即个人与个人之间的私利。这样的公义又可划分为两种：一种称为"交换公义"，一种称为"分配公义"。前者存在于个人与个人之间，规定个人彼此间的一付一给，务求均衡，因此，交换公义所要求的是"算数均衡"，一对一、二对二，分毫不能差。这种公义常在生意买卖、借钱还钱等往来中看得清楚。而特殊公义中的分配公义则常常存在于集体与个人之间，它要求不仅注意个人劳动报酬，而且考虑公共福利与公共义务，因此，其分配方案要达到公平合理，就不可能如交换公义那样简单地只要求"算数均衡"，而应当按照"几何均衡"的原则来实施分配。这样的分配公义，主要表现在集体的负责人身上——集体的负责人负有分配公平合理与否的主要责任。个人对其集团按几何均衡的原则所实行的分配感到满足，即意味着确认了这种分配公义——既接受分配给自己的份额，也同意保留给公共福利的份额，从而也表示一定的公义感。因此，从本质上说，公义的实质关涉人的权利与义务。

刚毅（**勇敢**）之德是处在大胆与胆怯之间的一种德行——既要排除胆小怕死的懦弱，又要防止冒失鲁莽的大胆，它是基于理智而善于调节胆怯和大胆的一种美德。刚毅意味着当意志面临合理却又有困难而畏缩不前时表现出不怕牺牲和勇往直前，即排除意志不服从理智的障碍，从而勇敢地克服困难。因此，托马斯·阿奎那认为，刚毅是人遵循理智的德行。刚毅主要表现为两个方面：一是坚持，二是战斗。

因此，刚毅这一德行有涉及死亡的危险。可是，由于作为刚毅之德所注重的是伦理方面的善即人的心灵之善，死亡则属于取消生理上的一切之善，而任何生理上的善都无法与伦理之善同日而语。所以，托马斯指出，为了实践刚毅这一伦理之善，在反对任何恶时，有时也包括牺牲身体上的一切善，甚至包括牺牲生命。因此，无论是为了保卫祖国而战，还是为了伸张正义与匪徒搏斗，抑或是为了照顾病人而冒被传染的危险，其死亡无一不属于刚毅（**勇敢**）之德。

第四种基本德行是节制。托马斯·阿奎那认为，人是由灵魂与肉体而组成的复合实体，人既是理性动物，同时又是感性动物。人有理智与意志，也有情欲。情欲本身无善恶之分，其好坏完全在于人自己如何去驾驭——可用之于好，也可用之于坏。情欲缺乏理智时，或表现为畏缩不前，软弱无力，或表现为恣意放纵，无边无际。这样的"过分"或"不及"都属于恶。在此，理智的作用在于指导情欲循规蹈矩，合情合理。理智对情欲的指导可以通过上述的刚毅之德——当情欲趋向善时，理智使之无所畏惧、勇往直前；也可以通过节制之德——当情欲放纵时，理智加以适当控制，使之不超规逾轨。托马斯·阿奎那认为，在人的私欲偏情中，最强烈、最容易违背常理、最难驾驭因而也是最需要节制之德来控制的，一是食欲，二是性欲——前者是为了保持个人的生存，后者是为了繁殖后代。就此而言，节制即是根据理智承认维持生命的目的而适当地、合理地控制食欲与性欲，因此，节制是遵循理智的人性行为和基本德行。情欲本身无所谓道德与否，不属于伦理范围。只有当其与人的理智与意志相关联时，才具有伦理价值——当情欲接受正直的理智与意志时，它是道德的、善的，反之则是恶的。人应当运用理智控制情欲，实践节制德行，而对人之行为的伦理价值的认定，理智与意志是关键因素。

托马斯·阿奎那将上述人性行为四种基本德行进一步概括为两类：第一类是审慎与公义，第二类是刚毅与节制。第一类属于理智和意志，表现为"思辨理性"。其中，审慎是有别于其他一切德行的特殊德行，它不仅是思辨的，而且也是实践的。公义仅次于审慎，但比其他伦理德行优越。审慎在于理智，公义之德在于遵循理智而"表现在主观意志中"，它不像节制之德那样仅将注意力放在"适可而止"，而是侧重强调"责任与义务"，并且注重"尊重他人应有的权利"。阿奎那认为，公义是最值得颂扬的德行。第二类中的节制与刚毅则主要表现为"实践理性"，它们接受理智的判断与公义的意志，使情欲合于情理，是侧重感性情感方面的行为。阿奎那认为，节制与刚毅都以"中庸之道"为重心，而刚毅之德还特别包含"冒生命危险"的可能。相较而言，刚毅优胜于节制。

托马斯·阿奎那还总结了四种德行的先后顺序。阿奎那认为，善是最大的德行，也是最大的伦理原则。人之为善在于善的理智。而审慎是理智完善的表现，它本质上具有善。公义是将理智的要求付诸人类的一切事业之中，它是善的一种表现。此外的其他德行虽倾向于保持善，但刚毅之德有可能在即使面对死亡也要遵循善的理智。至此，阿奎那总结四种基本德行的先后顺序是：审慎、公义、刚毅、节制。然而，无论如何，这四种"本性德行"都要受制于三种"超本性德行"即"信、望、爱"。这是因为，人类的一切道德行为都要依靠上帝之"法"来受到规范。

自然法理论

自然法理论是托马斯·阿奎那伦理学思想的重要组成部分。托马斯伦理学的重点，可用两个基本概念去理解，一是"法"，一是"自由"。"法"的问题，则首先是自然法……托马斯·阿奎那的自然法学说是中世纪自然法观念形态中的一种最为成熟的形式，它包含着对西方古代自然法思想的借鉴和超越，而这种超越则表现在阿奎那从基督教信仰出发，把亚里士多德的政治哲学思想、柏拉图的理论方法、教父哲学、《圣经》因素、斯多葛派学说、罗马法精神等的完美结合。如此深广的"思想整合",打破了传统思想对于自然与超自然论证中的两极对立的"两分模式",而代之以具有等级性的"阶梯模式",并将二者置放于以"自然法"为核心的一个有机的体系之中。托马斯·阿奎那对于自然法的系统论述主要见于其《神学大全》的第二部上卷中的第 90~97题。在此,围绕着自然法这一中心,阿奎那展开对永恒法、自然法、神法和人定法的诠释。

永恒法

按照托马斯·阿奎那的解释,所谓"永恒法",即"在上帝、宇宙之主的身上,掌管万物的理性",或是"指导(万物)一切行为和活动的上帝神圣智慧的计划"。阿奎那认为,上帝的理性不能从时间中有所认识,因为其中包含着永恒的概念,因此,这种法律应该被称为"永恒法"。

在托马斯·阿奎那看来,上帝如同一个艺术家或管理员,在宇宙未存在之前,已经设计了一个创作计划,拟定了实现这个计划所应用的方法。或者说,上帝在超时空的永恒中计划了一个宇宙蓝图,并规定了宇宙万物实现其各自目的的各自的本性。上帝的工程计划是工程师的典型观念,管理属下行为的法则于是被赋予法律的意义。宇宙是上帝的上智工程，上帝是宇宙的创造者，同时，上帝也是受造物的一切行为和活动的管理者。宇宙的出现意味着上帝计划的实施，宇宙间万事万物如此有条不紊、有目的地运转，就是上帝所拟定的方法的具体实施。托马斯·阿奎那认为，从创造的观点来看，上帝的神圣智慧是宇宙的观念；从管理的观点来看，上帝引领万物走向目的的上智则具有法律的意义。所以，万事万物无论自觉或不自觉，无不遵循上帝的计划和规定，从而去实现各自的本性，也就是说，"人性"这个概念在上帝的创造计划中是一个永恒的概念。正是从这个意义上说，任何人都无法逃脱、无法抗拒按照自己本性的需要发展自己、完善自己——反过来讲，这恰恰是上帝永恒计划的体现。所以，上帝的理智本身就是永恒法。永恒法是指导一切行为和运动的上帝的智慧，其他一切正直的法律均由永恒法演绎而来，永恒法就是一切法律的基础。

　　阿奎那认为，永恒法就其本身来讲是无法认识的，然而却可以通过其大大小小的表现来认识，因为一切具有理智的创造物是可以认识的。一般动物受其本能的支配不可能有同自己本性相反的活动。虽然这些动物自己不可能意识到，但是，在托马斯·阿奎那看来，这种符合本性的活动正是它们无法抗拒地遵循上帝为其制定的固定规律，即永恒法。阿奎那认为，人不但能够知道而且能够有意识地遵循永恒法，这是因为，人具有理智，天生知道自己的本性存在着一些基本法则，而且人在认识这些法则时会给自己宣布一些基本命令，什么是合理的，什么是不合理的，什么是应该做的，什么是不应该做的。例如，"行善避恶"这一基本的、自明的诫命就无可否认地早已烙在人的心中，既是众所周知的，又是一致认为自然的和合理的。从伦理角度来说，这类命令就是基本的自然道德法则。它们之所以如此普遍，本身就证明存在着不变的永恒原则。托马斯·阿奎那由此推断，这些自然道德法则就是理性受造物所分有的永恒法——在"分有"意义上，人们或多或少都认识永恒法。

自然法

当托马斯·阿奎那强调"法是理智命令"这一概念的时候，他要强调的是宇宙间的自然规律来自永恒法，反映永恒法。在阿奎那看来，人之外的宇宙万物由于没有理智，只是遵循自然规律及永恒法，而不可能根据自然规律和永恒法向自己宣布任何命令。相反，人有理性，认识自然规律和永恒法，并由此给自己宣布命令，这样的命令就是"自然法"。由此可以看出，在托马斯·阿奎那的思想里，自然法并非简单地意味着对事物本性的反映，而是人的理智通过反省事物本性特别是自己的本性，而给自己宣布的自然命令。自然法不是简单的对本性的理性认识，而是理性所宣布的反省结果。

因此，阿奎那提出，所谓自然法，即理性受造物所分有的永恒法。阿奎那认为，既然宇宙间的自然规律反映着永恒法，从属于永恒法，那么，人的理性反省得知的自然法也不可能不反映永恒法，从属于永恒法。自然法是从永恒法中派生出来的，自然法就是永恒法的一部分——是理性受造物所分有的永恒法。托马斯·阿奎那的理论根据是：上帝创造人而规定人的本性时，就已经在人性上烙下了部分的永恒法。那么，人在认识自己的本性时，也就是认识这部分的永恒法。这部分的永恒法就是自然法。所以，从根本上来看，自然法早已烙在人性之中。因为自然法来自永恒法，因此自然法是必然的、永恒的和神圣的。人虽然无法在上帝的理智内读到永恒法，但是，理智的人却可以"认出"自己本性内的基本倾向和需要；在反省这些倾向和需要时，他就能认识人性所固有的"自然法"。在阿奎那看来，每一个人都有自然的倾向，去发展自己的潜能，以得到人所应有的善。每一个人也都有理性之光，借此而反省自己本性的诸基本倾向，给自己宣布自然法。人凭借自己的理性之光就能得到一些自然法的知识。自然法分有或反映着永恒法，因此，人对于最高准则的永恒法并非一无所知。永恒法之于自然法，并非只视之为一种由上而来的命令，人事实上能够认出自然法本身所有的合理处和约束力，从而将其向自己宣布出来。

按照托马斯·阿奎那的观点，自然法的首要诫命，就是应当"行善避恶"，而且，"自然法的所有其他的诫命（**法则**），都以它为基础"。阿奎那认为，人们不可能无所知"行善避恶"这条最基本的自然法则，因为，事实上，人人都有要求善的自然本性的倾向，人人都知道善。"行善"无疑是建立在"善的理智"基础上的，因此，"行善避恶"是最基本的道德法则，其他的道德法则都要以它为基础。"行善避恶"作为自然法的首要诫命或原则，其所要保护的是基于人的自然倾向意义上的需要，它包括三个方面。

第一，每一个实体（**包括人**），都按自己的种类，倾向于保存自己的存在。托马斯·阿奎那认为，人的本性最为自然的根本倾向是完善自我，也就是倾向于符合自我人性的一种善。追求善因此符合人的自然本性，善于是就成为人的本性的首要对象。在阿奎那看来，人内在的首要倾向就是追求符合本性的善，倾向于保存自己的存在——这由善的本性所决定。如果说保存自己的生命是善的，那么也就意味着杀害生命是违背自己的本性，是恶的，所以应当避免。阿奎那认为，保存生命和避免死亡就是在"行善避恶"这一条基本道德法则上表现出来的首要的具体命令。

第二，人与其他动物所共有的生殖传统的本性倾向。托马斯·阿奎那认为，"人内在的另一种倾向是男女结合和教育子女"。这种倾向也是极为自然的，而且是人性所固有的，是尽人皆知的。当人们的理性反省这种倾向时，就自然地宣布应该男女缔结婚姻和养育子女以保存人类这个命令。这个命令同样是以"行善避恶"这一基本的道德法则为基础的。

第三，人自然倾向于认识上帝和过社群生活。托马斯·阿奎那认为，按照人所特有的理智本性，人内在地还具有一种关于善的倾向，即人具有自然倾向于认识有关上帝的真理和过社会的生活。这段话所传达的是，理性所反省人的本性为一个独特的理智特性时，就宣布这个命令：作为具有理智的人，应该研究真理、追求真理，而真理就是上帝。同时，作为具有理智的人，也应该懂得与大家一起过集团的（社群的）生活，要关心公益，共同存在。

托马斯·阿奎那坚定地认为，上述三条诚命是除自然法之首要诚命即"趋善避恶"之外的次要命令，但它们也是绝对、普遍和始终保持不变的。

神法

在托马斯·阿奎那的自然法思想当中，他首先肯定永恒法及其所派生的自然法，将其作为规范人类行为的基本原则，然后提出"神法"的概念，并列举若干条例，作为基本原则的具体规定，这样的思想在一般的伦理学中是看不到的。虽然，也有伦理学家曾提出"神法"的概念，却并没有将之在区别于永恒法的情况下加以总括和说明。因此，对神法的界定与诠释是托马斯·阿奎那的自然法思想独到的内容。

托马斯·阿奎那所说的"神法"，是从基督教《圣经》中归纳出来的，它包括《旧约》中上帝通过先知所作的启示以及《新约》中的耶稣基督所宣讲的道理。具体来讲，神法可以划分为"旧约时代的启示法"和"新约时代的启示法或福音法"两种。托马斯·阿奎那根据教会的传统教义，称旧约时代的启示法为"旧法"、新约时代的启示法为"新法"或"福音法"，二者合在一起，通称为"神法"，即上帝所宣布的"神圣法律"。

按照时间先后，旧约时代的启示法又可以分为两个时段的内容。第一个时段指的是从人受造之始到"十诫"的公布，具体表述为：遵守安息日（《创世记》第2，3章）；祭神（《创世记》第4章第2~5节）；婚姻的单一性及永久性（《创世记》第2章第24节）；割礼（《创世记》第17章第10节）。犹太人遵守这些法律一直到"十诫"的公布为止。第二个时段指的是摩西时代，即从摩西直到基督的来临。具体而言，这些法律就是先知摩西在西奈山上接受上帝启示之后向犹太民族颁布的"十条诫命"。"十诫"不但为了犹太民族，而且为了全人类，因为这些法在神造人时已深刻在人心之中，是自然法的外在化、文字化。"摩西十诫"的颁布，标志着《旧约》里先前单为犹太人所规定的一些礼仪法已经被基督所取消，因此，如果人们仍旧遵守那些已为基督所取消之法，不仅徒劳无功，而且属于犯罪，因为那样做等于否认基督是合法的弥赛亚及人类的救世主。

新约时代的启示法或福音法指的是新约时代耶稣基督作为上帝之子亲自向其门徒和信徒们宣讲的"福音"。这些法可以在《新约》及圣传中找到。这些法具有以下特性。第一，普遍性。新约时代的法律所针对的是"全人类"——正如耶稣的话："天上地下一切权柄都交给了我，所以你们要去使万民成为门徒，因父及子及圣神之名，给他们受洗，教训他们遵守我所吩咐你们的一切。"（《马太福音》第28章第19节）第二，永久性。福音法之遵守是超越时空的。第三，约束性。福音法虽为所有人而公布，即所有人都应遵守这些法，但是，如果人不是因为自己的过失而对这些法无知因而不遵守，则不负法律上的责任，因为，不知者不为过。第四，优越性。由于福音法是基督及其使徒所公布的，因此，其地位大大地超过《旧约》上的法律，理由是，首先，《旧约》所许的赏罚者是关于特质及暂时之物，诸如财富、长寿、多子孙、贫穷、死亡等，而福音法所许的赏罚，则是精神的报偿，如永生（《马太福音》第7章第21节）、永久之惩罚、地狱的苦刑等（《马可福音》第9章第47节）；其次，福音法要求的重在内心的敬礼，即人以心灵服从福音法，外在的履行则是次要的（《约翰福音》第4章第23节）。

此外，福音法强调"爱的诫命"。《旧约》所强调的是对神的敬畏，因此，《旧约》中耶和华的形象是严厉的"统治者"。与此不同，《新约》中耶稣的形象则是慈祥的"父"（《罗马书》第8章第15节，《马太福音》第20章第37～40节）。福音法同时也强调兄弟之爱（《约翰福音》第13章第34节）。"福音"明确宣布"爱上帝而爱人类是最大的诫命"（《马太福音》第22章第37～39节，《马可福音》第12章第30～31节）。

福音法所包括的诫命主要涉及三个方面。第一，为个人的成圣（《马太福音》第16～24章等）。第二，为社会及家庭生活：子女应顺从父母（《以弗所书》第6章第1～3节）；仆人应顺从主人，人应服从合法的权威（《罗马书》第13章第1～2节）。第三，敬奉神明：守安息日（《路加福音》第29章第19节）；遵守圣事，尤其是领圣洗（《马太福音》第28章第19节）及圣礼圣事（《约翰福音》第6章第51～58

节）。值得一提的是，由于福音法是神自己规定的，因此，神自己可以加以宽免或透过他的合法代表人加以宽免。

在托马斯·阿奎那看来，之所以需要神法有如下四个方面的原因。第一，人生的最终目的在于来世的永生，为此，单凭人的本性能力是不够的，必须有上帝超自然的帮助，即上帝通过先知所启示的法律。第二，人的判断不都是正确的，难免受偏见和私情的蒙蔽，特别是在遇到特殊情况和偶然事件的时候，更容易偏离正确的方向，神法却以绝对的正确性排除任何错误。第三，一般的法律只能制裁人的外表行为，无法制裁人的内心动机和行为，神法却能给人以内外的约束力。第四，一般的法律受到时空的限制，不可能阻止或惩罚所有的罪恶，神法却永远有效，能够阻止或惩罚所有的罪恶。因此，阿奎那强调，为了指导人生，必须有神法。

从托马斯·阿奎那所讲的神法内容及其表现特征来看，神法是永恒法和自然法的具体化，但其依然是原则性的。所以，神法同永恒法和自然法一样是必然的和永恒不变的，是规范人类思想和行为避免出错而颁布的，也是人间一切法律的内在根据。

人定法

托马斯·阿奎那认为，"人定法"就是为了公共利益而由负责者颁布的理智命令。人定法的基础是自然法，其正义性来自自然法的正义性，人定法决不能与自然法相抵触。

就人定法的立法者而言，由于制度不同，人定法的立法者也不同。在君主制度的社会里，君王为合法的立法者；在民主国度里，立法者则为立法机构，如立法院。就人定法的约束力而言，合理的人定法不但约束人的外在行为，而且约束人的内心，即那些不遵守理性的违法者在良心上应负责任。因此，所有合理合法的人定法律，人民都必须加以遵守。不合理及不合法的法律，自然不必遵守，除非因此引起更大的社会危害。根据托马斯·阿奎那的观点，合法的人定法至少要具备如下条件：第一，法的目的是为公共福利（目的因）；第二，由合法的人或集团所立（成因—动力因）；第三，所命令之事是合情合理的（质料因）；第四，该法是否能合理地被遵守要根据守法者的能力、条件、情形而定（形式因）。

合理的人定法应以不相反于自然法及神法为原则。因此，合理的人定法应当具备如下特征：第一，可能性。合理的人定法不仅包括物理方面的可能性，而且包括伦理方面的可能性。第二，正直。合理的人定法不相反于更高的法及原则。第三，有利。合理的人定法为大众谋福利（虽然允许对私人有害）。第四，公道。合理的人定法必然合乎正义。第五，固定。合理的人定法不会朝令夕改、出尔反尔。第六，公布。合理的人定法必须晓知天下，使人民知道。

总之，永恒法、自然法、神法、人定法共同构成了托马斯·阿奎那法律体系的主要内容。虽然表面上看，托马斯·阿奎那将法律分成了四种，可是，如果我们仔细分析这四种法律之间的关系就会发现，实际上，由于阿奎那将神法基本固定在《圣经》上，因此，阿奎那所认为的宇宙之法基本呈现为永恒法、自然法、人定法三种及其三者之间的关系。那么，上述四种法律到底是一种什么样的关系呢？根据托马斯·阿奎那的主张，自然法派生于永恒法，是规范人类行为的基本原则；人定法的依据是自然法。永恒法是从神的方面而言，指神管理万物所根据的理性。自然法是以人性为根据的道德律，协助人完成人本性的目的。神法是神借《圣经》而启示的法律，这是针对人而言的，神法主要是协助人完成人超性的目的，而其本质还是永恒法。

作为永恒法与人定法中介的自然法

托马斯·阿奎那认为，自然法是神的理性之光在人身上的体现，因此，自然法是理性之人对永恒法的参悟。而人类理性必须从自然法的规定出发来追寻对人类社会中人的行为的具体处理方式，这种通过理性找到的具体处理方式就是人定法。在阿奎那看来，人定法只有在依循正当理性的条件下才具有法律的品质。就此而言，人定法来自永恒法。人定法只要违背了理性，就是不正义的法律，它所具有的是暴力而非法律的性质。

在此，自然法被归于人的善的天性，以此为出发点，托马斯·阿奎那展开了对人定法及其理性基础的探讨与诠释。在阿奎那看来，自然界中人的构造计划是这样的。人生活于三层秩序中：有一层秩序来自永恒法，它在万事上指引人类；另一层秩序源自理性之律，人的行动和情欲由它裁定。如果人本性上只是一个动物，这两层秩序对人来讲已经足够。但是，正如亚里士多德所说，人不是一个政治的和社会的动物，所以，人必须有第三层秩序，它管理必须生活在一个和他人有关系的社会人群——人生于天地之间，秉有最珍贵的自由意志，但人的行为却无法随时随地随意而行，人毕竟是身处一个和他人有关系的社会当中，这是人定法之所以用来管理社会中人的原因，也是托马斯·阿奎那所讲的第三层秩序。对于人类的三层秩序，阿奎那似以和中国哲人相同的心境看待，也即将之以同心圆的系列处理——在这三层秩序中，第一层包含第二层和第三层，并且，第一层超越第二层，第二层超越第三层，因为涵括在自然法之下者必定在永恒法之下。同样，自然法包含人定法且超越人定法，因为在人的一切相处的规律中，人以理性规律作准则。

阿奎那将人的自然倾向分为三种。第一，人类保全其生存及健康的倾向，人与一切受造物都有自保的欲望。第二，与异性交合及养育子女的倾向。自然所教给一切动物的事情，如两性关系、养育后代都从属于自然法；此外，人借助理性趋向于共有之善，因此，诸如重视他人权益，以及认识真理、善度美满生活、避免愚蠢无知等都属于自然法。第三，对人类来说，还有一种要去认知有关上帝的真理以及要去生活在社会中的偏好，而一切与这种偏好有关系的行动也都属于自然法。

即使"可欲之谓善"，由人的自然倾向产生的行动和情欲也必须符合自然法，因为自然法植根于人的天性。按照托马斯·阿奎那的思想，所谓物的本性，就是物的自然而固定的倾向，除非受到阻碍，它常常依照一成不变的天然方式去活动。而所谓人性呢，就是指人是一种由理智与身体构成、生长于社会、靠万物而生存和发展的动物。人的本性具有的自然倾向，是托马斯·阿奎那自然法的人性基础。

在阿奎那看来，相对于自然法，人定法应以大众福祉、保障人民利益为出发点，其形上根据则是以不违背自然法为原则，以人类理性第一原则——"行善避恶"为依归。不过，人定法最终极的根源则是永恒法。阿奎那认为，一切动物，只有富有自然法，方可运用天赋理性之光去体认道德所自有的"绝对正义"。自然法是上帝烙在人性上的神之睿智，它是人的理性，但是，人类经由理性，并不能对神之睿智的启示完全分有，只能作局部而有瑕疵的分有。然而，人性中秉承自然法却使得人类异于一般低等动物——人因分有"天性"而使人天生高尚。那么，遵从自然法的命令，倾听良知的指引，就是忠于本性，心与道合，顺天之命。在此，永恒法、自然法和人定法三层次的相连相通，恰似儒家《中庸》的"天命之谓性，率性之谓道，修道之谓教"所表现出的上下双回向的相辅相成、一脉贯通，并指出天命、人性和教化三者，形成一以贯之的连续体。

在托马斯·阿奎那的法律体系中，永恒法、自然法和人定法不是各自孤立地存在，而是有机地结合成一体的。自然法犹如一座桥梁，其一端架在人定法的这一边，而另一端则植根于永恒法的彼岸。如果我们从永恒法的彼岸看自然法，则自然法形上的一面、神性的一面、不变的一面清晰可见。然而，我们如果从人定法这边看自然法，则自然法形下的一面、人性的一面、可变的一面亦甚了然。也就是说，自然法可以与永恒法、人定法发生互动，从而呈现出"上通下贯（上通永恒法、下贯人定法）""一体两性（神性、人性）"的特征。托马斯·阿奎那的自然法本质上是神烙在人性上的

128

永恒法的一部分，是神之睿智在人性上的烙印，使人顺着此法而达到最后目的。

托马斯·阿奎那的自然法之主张，显示人心本性有客观普遍的律则存在，其基础是永恒法，因而保障了其客观正确性与价值。同时，自然法又可落实为具体成文的人定法，促进社会的公共福利。可以说，"神性"与"人伦、人性"在托马斯·阿奎那的自然法理论中得到了完美的统一。萌芽于古希腊的自然法思想经过罗马思想家以及中世纪教父思想家的继承与发展，逐渐由"自然理性秩序"向"神学理性秩序"演进，在托马斯·阿奎那这里达到了高度的综合与发展，突出地表现为"神圣自然法的理性化"的理论特征，这一特征在阿奎那关于自然法的形而上学架构中得以充分展示。

在西方思想史上，自然法表现为人类在不断求证"斯芬克斯之谜"过程中对永恒、不朽、神圣、和谐的向往和对秩序、规则、制度及其客观依据的理性沉思，因此自然法思想本质地成为人权的哲学基础。自然法不仅提供给人类自我反省的一个有力激素，而且还提供给既存制度一块试金石，它也是组织人们看待人与自然的关系、人与人的关系的观念模式，由此而成为人们观察、分析和评价法律的参照系。自然法思想自古以来一直是西方法律与道德哲学一笔持久不坠的文化遗产，其重要性可以说超越了人们借以说明它的那些时空因素。而自然法思想所引发的对人权、正义、自由、道德的关注更是影响深远——如果自然法没有成为古代世界中的一种普遍信念，人类历史及其思想的历史发展的朝向，恐怕就非今日我们所面对的了。托马斯·阿奎那在自然法领域所作的完整的、成体系的贡献是最具原创性的。由"自然法"入手，我们不但可以透视托马斯·阿奎那伦理学思想的博大精深的内涵，而且也可以通及其关于政治学、社会学、法学等问题的独到论证。

良　知

为了更深入地论证人的行为的道德规范，托马斯·阿奎那提出用上帝制定的法和上帝赋予的良知来规范人的行为，以此解释人的人性的道德性。托马斯将"良知"视为道德的主观标准与自然法在人性上的天赋特性。

良知与实践理性密不可分。前文提到，托马斯·阿奎那按照理性的对象将理性划分成"思辨理性"与"实践理性"，前者指关于认识和研究真理的理性，后者指在伦理行为或技艺创作方面应用其所知的理性。可是，这两个理性并不是两个不同的能力。思辨理性的对象是思辨事物，以作为"知识的第一原理",用于成就知识;实践理性的对象是实践事物,以作为"实践的第一原理",用于成就人性行为。因此,实践理性源于人的自然本性,就此而言,它并非一种特殊的能力,而是"一种特殊的本性习惯",称之为"良知"。因此,良知是"道德秩序的第一原理的习惯之知",简称"自然道德律的习惯"。

阿奎那认为,良心是一种"行为"或"行动",并非能力。在"知识之应用于事物"的过程中,良心的应用有三种方式:第一,当我们发现某事已做或某事未做时,我们说良心意识到做了或没做,这时,良心起"见证"之作用。第二,当我们判断某事该做或不该做的时候,良心的作用就是命令或禁止,这时,良心表现为"激励"或"约束"的作用。第三,当人的判断涉及某种已做的好行为或坏行为,需要由良心来裁定的时候,如果良心不同意,便会有后悔之感,这时,良心表现为"原谅""责备"或"苦恼"。上述三种方式中第二种方式的良心对于道德实践比较重要。

良知有"心理良知"与"伦理良知"之分。根据托马斯·阿奎那的观点,人的良知可以使人知道自己正在做什么,以及提醒人已做了或尚未做什么事。那么,一方面,良知所起的是"提供证据"意义上的作用,似乎类似于"记忆",就此而言,良知也称为"心理良知"。另一方面,由于良知的意义还在于使人知晓或判断已做过的事或将要做的事情的善恶性或是非感，即判断行为的伦理性，那么，这种意义上的良知则称为"伦理良知"，它"指斥""谴责"恶行，"引导""激励"善行，并且让人体验到由于已做的善行而感到欣慰、喜悦。

显然，"伦理良知"不同于"心理良知"："心理良知"乃是对人行为的认识；"伦理良知"则是人的道德行为的主观法则。"伦理良知"揭示了良知的主要职责在于判断将要实行的行为之好坏与善恶，以及人的行为应当符合人之道德行为的主观法则，因此，"伦理良知"是作为自然法在人性上的天赋特性意义上的良知，也是作为人之行为的主观法则的良知。

良知既然是人之行为的主观法则，那么，人之行为的善恶，自然以良知的判断作为标准。如果良知"认定"某一行为合乎正当法律，那么，就可以主观断定这一行为是一种善行或至少不是一种恶行，并因此而断定此举可行。相反，如果良知"认定"某一行为与正当法律不符，那么，即使在客观上是善行，也可以主观断定此为恶行，因而不可行。托马斯·阿奎那认为，良知所达及的对人之行为之善恶的"判断"，遵循的是自然法的原则。良知本身不是法律，也不是审察自然法的原则，良知的作用是依照法律判断行为的善恶，因此，良知是审察人之行为是否合法的"法官"。

阿奎那认为，良知虽然区别于"良心"，但二者间也存在着明显的内在关系。"良知"是一种"习惯"，作为"实践的第一原理"，它理所当然地也是"行为"或"行动"的原理。托马斯·阿奎那认为，"趋善避恶"这样一种基本道德原则是一个谁也无法抹杀和磨灭的无条件的、必然的、普遍的、绝对的乃至对人人都相同的内心命令。这个命令就是上帝赋予人内心的永恒的"自然之法"的一种表现，是人的天赋特性。良知能"趋善避恶"，其本身是不会错的。而"良心"则是来自"良知"这一普遍知识的具体应用，它对人指出具体特殊的情况之下，什么事可行什么事不可行，什么事当为什么事不当为。在此，良知就好比三段论的大前提——"人当避恶"，小前提由理性所提供的"偷张三的钱是坏事"，结论则由"良心"所引出——"故对我而言，在此时此地不该偷张三的钱"。因为良知是人本性所固有的，是对普遍真理或原则的认知，因此，阿奎那认为良知不会出错；良心则是因应个别特殊的行为所要作的实践判断。因此，良心具有错误的可能，亦即说，有"正确良心"与"错误良心"之区别。

对阿奎那来说，良知与良心都与自然法律的普遍原则有关，良知指习知这些原则之习或具此习知之能，良心则指推论应用自然道德律以实际行事，这是托马斯关于良知、良心与自然道德律的关系的基本看法。然而，无论是良心还是良知，都属于人心知的范围，伦理之人的行为无不听从良知与良心。因此，良知与良心可以说是托马斯·阿奎那道德实践论之"内在主观标准"，而"法律"则相对而言成为人性行为的外在原理。

小　结

托马斯·阿奎那的伦理学思想在其整个哲学理论构成中占有很大的篇幅，其重要性显而易见。阿奎那的伦理学思想是一个大的综合体系，它综合了希腊柏拉图和亚里士多德的哲学思想与理论方法、中世纪教父哲学家的理论、伊斯兰哲学家的内容，其中最为重要的是亚里士多德的科学与哲学，以及教父奥古斯丁的神学，并且力求以亚里士多德的哲学方法与内容来支持与诠释基督宗教信仰。因此，托马斯·阿奎那将自然伦理与超自然伦理、本性德行与超本性德行分开，认为前者可以用亚里士多德的实践理性去处理，而后者则需要信仰与恩宠，即"信、望、爱"；现世的幸福与快乐可以靠自然的道德获得，然而，永生的幸福与快乐则要通过信仰而达至；人生的最高目标即是上帝。

为了更深入地论证人的行为的道德规范，托马斯·阿奎那提出用上帝制定的法和上帝赋予的良知来规范人的行为，以此解释人的人性的道德性。他认为，自然法是理性存在者分有的永恒之法，是烙在人性上的神的睿智；良知是道德的主观标准与自然法在人性上的天赋特性；而无论是"三超德"还是"四枢德"，无不需要人生努力地实践与苦修。

第5章

关于社会和美的思考

在托马斯·阿奎那的思想体系中，谈不上有关社会学、政治学、美学的专论，然而他关于此的思考却无处不在，并对近现代的相关思想理论产生了重要影响。

社会是源于人性的自然秩序

对托马斯·阿奎那来说，社会是源于人性的自然秩序。社会由人与人结合在一起共同努力以完成共同目的，这个共同目的就是为了个人及整个社会所追求的共同利益，它是推动人过社会生活的原动力。因此，人与社会的关系是互助的关系。而人接受社会是有条件的，只有当社会有了应具备的效果之后，人才信赖它。社会的目的就是为了成全社会的每个成员及公益。为了实现社会公益，就必须有一个秩序。理智、意志与威权是促进公益的有效办法。为了促进社会公益，统治者必须学习神圣的法律。任何威权都要受永恒法和自然法的限制，因为自然法上通神法，下贯人定法，从而接通神、人、世界。无论何种威权的何种命令，绝不应该伤害到神的法律或自然法。统治者的荣耀只有从道德上得来才有价值。威权有立法及执行法律的权力，而构成社会秩序的个人有权满足其内在欲望，包括肉体的、精神的欲望，同时也包括生命的权利之要求，即社会、自由、工作和财富，这些都在自然秩序中安排好了。家庭、教育、经济是社会的三大基石，也是自然法所规定了的。阿奎那认为，人的自然权利（生存权、自由权、财产权、追求道德生活的完美权等等）来自自然法，任何人都不能借着各种名义将其剥夺。从自然法角度来看阿奎那的社会学思想，可以发现，其中所蕴含的对人、对人性、对人的现世社会生活的关照是值得后人深思的。

即使我们不能从托马斯·阿奎那这里求得一部完整的社会学著作，但是，从其一生所撰的诸多著作当中，从他所著的神学、哲学、经济学等著作的字里行间，我们的确可以发现有不少论述体现出他的社会学思想，而这些思想八百年来一直是基督信仰思想史上重要的引导力量，特别对中世纪的社会思想影响深远。德国神学家特洛尔奇（1865～1923）在其名著《基督教社会思想史》一书中，曾花费相当的精力分析阿奎那的伦理观与社会思想，他指出，阿奎那的社会观是理性化与基督化了的，整个社会的秩序服从在自然法的理性伦理与理性体系之内，但是又透过神恩超自然道德行为的引导，因此特洛尔奇认为阿奎那所建构的体系是十分符合逻辑的。

托马斯·阿奎那从古希腊哲人那里借鉴了许多方法来建构自己的思想理论，同样，阿奎那的社会学思想深受亚里士多德影响。亚里士多德指出"人是政治的动物"，阿奎那将其推而广之，指出人是社会的动物，以强调社会对人的重要性。在阿奎那看来，人不是一个自立体，因为人不能自足；人不能自生，人的创生是由神而来的，因为神是宇宙万物的主宰，人从神那里取得了存在和人性，有了这两个条件的结合，才使人成为万物之灵，因此，神是人的第一因，也是最后因。神使人去了解神、爱神。同样，神也爱人，为人播下万物以满足其生活，使其建立家庭以满足其幸福。人之所以成为社会的动物，归根到底，是人需要和他人联合以完成其完整的人性。但是，人对社会的需求并非完全出于对社会物质生活的依赖，除此之外，更重要的是人还有道德生活、宗教生活。这些生活能够在很大程度上规范人类的行为，提供给人类正确的行为标准。因此，阿奎那认为，社会由人与人结合在一起共同努力以完成共同目的。人与人结合在一起形成一个联合体，人是在这个"体"下过社会生活。所谓共同目的，也就是为了个人及整个社会所追求的共同利益，它是推动人过社会生活的原动力。

人是社会的动物，人在本性上就需要社会，因为人需要神的帮助，同时也需要他人的帮助。在阿奎那看来，神的帮助可以使人达至完美；他人的帮助则可以使人过上更好的生活。一个单独的人不可能在良好的道德、经济、政治上独享人类生活，因为人不可能脱离社会，否则，人的心灵、意志就不可能得到固定的发展，因此，社会的存在是为了成全人性的完美，社会是自然秩序中的重要一环，人也只有在社会中才能发现完美的人格。因此，人需要社会，阿奎那称之为"人的社会性"。从对社会的需求角度看，人的社会生活与动物的社会生活的区别就在于，人的社会生活不是以本能为推动力，而是以理智为推动力。因为人懂得只有在社会中才能在满足其物质需要的同时充分地发展其智慧、传播其观念、加强其意志力、磨炼其自制力，而这些产生于人的能力都不是单个的人能充分享受的。阿奎那认为，神将智慧和手给了人类，智慧可以使其筹划做什么、如何做，手则听命于智慧的指挥。除了脑与手,人类更是具有复杂的语言来传播其观念、沟通其思想、交换其知识。虽然语言并非人类独有,但人能将语言和其理性配合使用,低等动物却做不到。因此,阿奎那得出结论:人由其本性而安排其生活于社会中,也由其本性而组织其社会生活。

按照阿奎那的观点,社会由人组成,人一旦脱离了社会就不能有一个适当的存在,同样,社会没有了组成它的个人也不能存在。社会依靠其构成成分而存在,但这个存在并不以个人为其终点,因为人还需要家庭,有了家庭才能使构成社会的最小单位——人——延续下去,社会并不随人的灭亡而灭亡。从个人角度看,社会具有超越性,因为它能在新个体中继续下去。不过,即使社会由人组成,社会却并非个人的总合,而是使个体的群成为一个体。阿奎那认为,每个人在其生命历程中都具有其特殊的目的,社会同样也具有其特殊的目的。个人的目的和社会的目的最终融会于一个共同的目的中,在社会的人运用其智慧与能力接近其目标之后,社会和个人就会依照神的创造计划而结合起来。这是形成社会的成因。

从社会的形式上讲,阿奎那特别强调"群体"。他认为,在一个群体中,最重要的是它的排列和秩序。群体设定一个共同目的,然后共同努力奋斗以达此目的。对人来讲,这是一个良知。理性使人明白他必须生活在社会中，通过一己之努力来分享全人类共同努力的成果，从而使个体的人趋向于人类的成全。这种努力和分享也同时促成了社会的个体性。个体性说明了为什么社会不同于更复杂的个人，从而社会不是必然而是应当与个体结合起来。那么，人接受社会生活的前提条件是什么？按照阿奎那的观点，只有当社会有了应具备的效果之后，人才信赖它。可是，人又如何知道社会是有效的呢？阿奎那认为有两条途径：一个是出于理解，一个是出于意志。人只有在理解了社会的有效性及社会生活的必要性之后，才有可能愿意接受社会生活。这种理解显然要靠人的理性能力来完成。另一个途径是意志。当人认识到社会的必要性之后，为了生活下去，人必然会受到其意志的驱策而追求其理想的社会生活。因此，社会生活成为人类历史当中的重要环节。实际上，人类的社会生活从人类生命之初就始于人的自由意志中了。在阿奎那这里，社会的目的就是为了满足社会存在，社会的目的是为了成全社会的每个成员及公益，社会可以促成团体以及团体中之个体幸福。同样，如果社会能通过其成员而促进公共幸福，使人能过良好的生活，那么社会就实现了它存在的目的。阿奎那在这里特别强调公益，是因为公益是完整的，如果社会只为某些特别选出来的人谋幸福，而忽略了整个的人群，那么社会就犯下了不公平之罪，就无法完成其原始目的。

为了实现社会公益，就必须有一个秩序，所谓秩序，在阿奎那看来，就是一个理想的安排。这个安排应以个人的适当地位及其对社会的适当贡献，以及对社会成员的贡献为准。社会秩序应首先承认由于社会成员多方面的个体差异（智力上、体力上等等）而造成的不平等的存在，由此作出适当的安排，从而产生一个井然有序的秩序。阿奎那指出，在个人幸福与公益发生冲突时个人幸福应服从公益，社会一定要对上述有关人的不平等的禀赋作合理的安排。人固然都是追求一己之幸福，但这种追求只有在大家的幸福中求得，所以，阿奎那说："凡寻求公益者亦必寻求一己之幸福。"个人不懈奋斗以促进公益，然后从公益中得到幸福，以补充其人性之不足，进而求得更完美的人生。这种奋斗使人不但获得一己的和社会的幸福，同时也表现出其人格的高贵。因此，阿奎那认为，一个人完美的人格发展就是公益，其中包括道德上、宗教上的善。幸福的生活，应当是道德的生活。道德并非使人人都成为圣贤。道德是指那些趋向于促进群体幸福及和平的道德，例如仁爱及公平。阿奎那特别将道德看成是和平，因为它是建立在仁爱与公正上的。社会存在的最终目的就是公益，使社会和平则成为达成公益的一个重要途径。

在阿奎那看来，除了理智指挥意志之外，还有一个更积极的促进公益的方法，那就是威权。威权的职责是管理，即将事物纳入一个适当的方法中以实现其目的。一个社会如果没有威权的统治，就犹如船没有了舵手。社会之所以需要威权，是基于人类的自我寻求。在社会中有许多意向，这些意向都趋向于它所寻求之物。由于自由意志的驱使，这种寻求往往违背公益。有了威权，可以在一己和群体之间加以调和。人的自由意志可以使其在肉体上自由，但同时应对人类行为负责，人应依理性及法律的要求而在道德上放弃一定的自由，人应当依神的法律而使自己在道德上对其行为负责。威权把社会中的各个成员都导向其应有的目的，同时也限制了社会及其各个成员对他人的不公。它可以给个人提供满足其需要的时机，保障个人的生活必需，促进公益，并将整个社会的幸福分配于个人。不但如此，即使从神的立场上看，社会也不能没有威权，因为人不能失去神所赋予他的先天权利——阿奎那认为威权并不来自统治者本人，而是来自世界的创造者——神，威权为其属性之一。神所赋予的这种先天的权利绝不是个人及社会的力量所能摧毁的。

按照阿奎那的看法，神不仅创造、统治、保存世界，神也指挥每一个自然物，并将世界作为一个整体而推向其目的。万物的终极目的是神，所以，万物都趋向神。因此统治者要运用其政府的力量，使社会趋向于公益而非私利，并且应随时负起其责任：第一，使社会不受伤害；第二，使社会走向其适当的目的；第三，要时时改进。所以，阿奎那认为统治者必须学习神的法律（神法），之后应研究各种方法，有了这些方法，其所辖民众才能过好的生活。这种研究有三个方向：第一，在其所辖的人民中建立一个道德生活；第二，保护已经建立起来的道德生活；第三，推动并完成道德生活，使之趋于完美。

阿奎那认为，任何威权都要受其最终目的或结果的限制，同时也要受永恒法和自然法的限制。在阿奎那看来，无论何种威权的何种命令，绝不应该伤害到神的法律或自然法。阿奎那明确指出："凡属于人类权力的东西，不能从神或自然权力中予以剥夺。"因此，一切威权——家庭的、国家的、教会的都受永恒法则及自然法则的限制。当然，威权有立法及执行法律的权力，而威权使法律生效的方法共有两种：第一，威权可以行使惩罚权；第二，威权可以通过报酬而促使人民顺从。用法律惩罚可以使民众提高警觉；罚款或监禁是一种恐吓手段，可由社会威权公正地加以运用而使之生效。阿奎那指出，虽然如此，构成社会秩序的个人是有权充分发展其人性的，人有权满足其内在欲望，包括肉体的、精神的欲望，同时也包括生命的权利之要求，即社会、自由、工作和财富，这些都在自然秩序中安排好了。阿奎那进一步指出，在超自然的秩序中，人有权享有宗教信仰及追求。任何威权若不能实现其促进社会利益的目的，那么此统治者就必须离位去职。一个好的统治者的荣耀只有从道德上得来才有价值，而非靠欺骗、蒙蔽得到。

阿奎那强调建立社会强有力的基石。在阿奎那看来，人虽然有社会性，社会虽然能给人类提供物质上、精神上的满足以完成人性，奠定其为人的地位，但社会本身是否能完成此使命，还要看社会是否能建立在一个强有力的基石上。只有基础稳固，社会才不致发生动摇，也才可能使社会中之个体对其产生信心。在阿奎那看来，社会的基石有三：家庭、教育、经济。

婚姻的目的体现了自然法的内涵。阿奎那认为家庭是一群人为了互助而一起利用日常生活的必需品，共同生活在一起建立起来的。家庭是一个根本上由夫妻组成的夫妻社会。家庭始于婚姻。婚姻是经由自由意志而订立的契约，它须是一个永恒的结合，是一男一女的结合。婚姻是神定的，因而不能失败，它是永恒的、坚强的，非个人所能取消的。婚姻有两个目的，主要目的是传宗接代，养育子女。这是自然法所规定的。这个目的使婚姻和家庭、社会之间产生了密切的关系。婚姻的次要目的是旨在发挥人性、爱、互助、永生相伴、严守节操。在阿奎那的眼里，人类的婚姻是美满而崇高的，爱为其基础，道德生活为其花朵，神与教会的结合为其榜样，子女的诞生为其第一目的，完美的人性发展为其第二目的。

教育是一种分属于家庭、教会及国家的社会活动。阿奎那认为，家庭教育的基础建立在自然法之上，其本原来自自然法的创造者——神。神将生男生女的权利以及管理家庭社会的权利赋予家庭，于是，家庭有责任照顾其子女，直到其成年。这种照顾既包括肉体方面，也包括精神、意志、心理等方面。阿奎那这里所说的"照顾"其实就是指"教育"，虽然家庭教育其子女的权利是神圣的，却是有其权限的。例如，家庭不能教育其子女恨其国家、轻视国家的法律、仇视国家的统治者，否则就会危及国家的和平与稳定。

国家教育并非如家庭教育那样来自神所赋予的自然法则，而是建立在推动公益事业的威权之上。因而国家教育也是有权限的，其权限应限制在教育人如何获得公益。关于教育内容，阿奎那提出了一种极端的观点，他认为，国家无权过问教育的内容，例如，对宗教的自由礼拜，国家无权过问。既然国家无权过问人的宗教信仰，那么国家就无权对宗教教育或道德教育作任何立法。因此，阿奎那认为，国家教育的真正目的，只是在于使人如何过和平而安定的生活。阿奎那的这种观点显然是不现实的。

宗教教育来自超自然秩序的神，因此它比以自然法及社会公益为基础的家庭教育与国家教育的地位都要高，它是超自然的，是绝对的，在教育内容上也是卓越的。阿奎那主张，宗教教育应不受除教会之外的任何干扰。教会教育的目的在于使人从肉体、灵魂、心灵、意志等方面都完善，从而成为一个完整的人。

经济也是社会的重要基石之一。阿奎那的经济思想可分为两大部分：一部分讨论劳动，一部分讨论财富。劳动是神圣之事，人用手工作为自然法的规条之一。阿奎那认为，按照自然法，人靠劳动而生活是神给人的一项特权。神为别的动物预备好了各种食物及保护自身的武器，可是只给了人双手和智慧。人靠着这两项礼物的配合利用，就能供自己生活之需。阿奎那列举了四个理由，说明人必须用手工作的道理：第一，人必须寻求食物；第二，可戒除懒惰，因为懒惰为罪恶之源；第三，可遏制色怒，因为纵欲伤身；第四，可以不靠施舍谋生。他认为，劳动本身是内在活动（*例如思考*）与外在活动（*例如体力劳动*）的统一，劳动的结果可以使物质质变为人生活的必需品，同时，由于人类的精神与肉体的结合，人由智慧思考出其所要做的，而后再由双手去完成，如此才能发挥其功能，使其成为一个完美之人。之所以如此认为，在于阿奎那将宇宙万有分成两种：第一种是其本身就可以达到其目的，这便是人；另一种必须靠外物的推动才能达到其目的，这便是物。虽然物由其本性上看并非属于人而是属于神，须遵从神的意志，但是，人可以利用其智慧及意志，制造物以为其所用。由此可知，阿奎那是由其神学的观点出发，认为万物在神的眼里看起来都是同等地位的，但因为人将手脑并用，为生活而工作，所以，人的地位高出万物之上。

人既为神所创造的万物之灵，人就有权拥有财富。阿奎那将财富分为两种：第一种为公有财产，第二种是私有财产。阿奎那认为，物权的基本条件有三：第一，根据自然法则，人应当拥有其财产权，因为人有权利使用赖以维持生命的东西，否则人就不能成全自己。第二，根据物的成全性可以断定人应该拥有其财产权，因为植物和低等动物都没有像人那样高的智慧，它们都需要由人来实现其目的。第三，从人本身来看，阿奎那认为，人对自己所拥有的东西会很小心地保护，而对公共之物则常不加注意。各人保管自己的东西，可以避免发生争夺之事，如果财产属于公众，则人对公共之物常有贪得无厌之情形，从而出现纠纷影响社会安宁，假若人能够满足于其私产，则有助于维护社会安宁。

总之，根据阿奎那的看法，人是一个受造物，人有理智与身体，人生长于社会，靠万物而生存与发展，这是阿奎那关于人及人性的基本理解。社会是源于人性的自然秩序。人的目的与自然法是密不可分的。人性的神学观是阿奎那自然法的前提，其社会学思想又处处体现出其自然法的内涵。人自然要追求某些目的，幸福存在于目的或目标的实现之中。人的自然权利（生存权、自由权、财产权、追求道德生活的完美权）来自自然法，任何人都不能借着各种名义将其剥夺。从自然法、自然秩序的角度解读托马斯·阿奎那的社会学思想可以发现，其中所蕴含的对人、对人性、对人的现世社会生活的关照是值得深思的。

神哲学思境中的理性美

托马斯·阿奎那虽没有对美本身作详尽的阐释，却有资格被列入中世纪最重要的美学家行列。原因在于，托马斯·阿奎那以亚里士多德的经验概念，综合古希腊的哲学方法，改造了前人单纯柏拉图式的"理念论"意义上的美学思考，在神哲学的思境中建构起一种独特的理性美学，在"恩典成全自然"的意义上揭示出美的意涵。

思想源头

托马斯·阿奎那的美学延展于基督教神哲学的思境之中，雅典与耶路撒冷是其美学观念的主要源头，而奥古斯丁、新柏拉图学派、伪狄奥尼索斯、鲍伊修斯等人的理论是其美学思想建构的重要基础。

《圣经》中的"美"较多见于七十子译本，即3世纪时出自犹太学者之手的希腊文本《旧约》中的《创世记》、伪经《智慧书》和《雅歌》等篇章。其中，《创世记》第2章第31节提到，当上帝看到其所创造的世界时，"感到一切都很美"，类似的说法多次出现在《创世记》中。《传道书》中也提到上帝所创造的一切都很美；《诗篇》中有"主啊，我喜爱你住所的美""光荣和美在他面前"的赞叹。由此引出对美的两种看法：一是从信念上表达出对世界之美的称许；二是表达出世界之所以美是因为它如同一件艺术品，是一个有思维的存在物，有意识创造的观念。尽管无法断定当时这些深受希腊文化影响的犹太学者是否在"审美"的意义上使用"美""美的"等词，但无论如何，《旧约》希腊文本的译者的确把世界美的观念引入了《圣经》。

伪经《智慧书》是提到"美"最多的篇章，最重要的是其第11章第21节引入了毕达哥拉斯和柏拉图哲学的数学理论："主啊，你依尺寸、数和重量安排万物。"伪经《耶稣的智慧》第2章第9节也提到上帝观看、计算和衡量它的创造物。这说明希腊文化对基督教影响之深，后来，教父奥古斯丁终于发展了一套基督教的新毕达哥拉斯主义美学。

不仅如此，《旧约》还有一种否定美的价值的思想。《箴言》第31章第30节说：艳丽是虚伪的，美容是虚浮的。《传道书》和《雅歌》也表明，犹太人对美和事物的外观特征毫无兴趣。尽管希腊怀疑论哲学家已有过相关的议论，但《圣经》的态度更加轻蔑，直接表现为对绘画和雕刻艺术的诅咒。《摩西五经》多次禁止对上帝进行描绘，甚至禁止表现任何生物，一切形象化的描绘都在禁止之列。制定这些戒律的目的是防止偶像崇拜，而这样做的结果使得犹太人少有画家与雕塑家。相比而言，《旧约》对音乐的态度却大相径庭，不但不被禁止，还是宗教礼拜的一个部分。《诗篇》第150章第3节提到要用各种乐器赞美；《列王记》下卷第3章第15节还高度赞美了音乐——以色列王向以利沙询问未来，以利沙说："现在你们给我找一个弹琴的来，弹琴的时候，耶和华的灵就降在以利沙身上。"

归纳起来，《旧约》的美学思想可以分为三种：世界是美的，美的数学概念，美是无用的甚至是危险的。前两种分别可以在斯多葛学派、毕达哥拉斯和柏拉图、怀疑论等思想者那里找到先例，而第三个是《传道书》作者的新观点。基督教思想家将这些老观念作了新的改造与发展。从神学的角度看，一切价值，包括美的价值都被归于上帝；从伦理学的角度看，一切人类活动，包括艺术活动，都应从属于道德。世界之美，在于上帝的创造；世界之所以具有数学的和谐，是因为上帝赋予了它；从永恒价值和人的道德目的来说，美是无意义的。由此，希腊美学与希伯来文化共同形成了一种基督教美学。

《新约·福音书》中赞美了伦理美。《马太福音》第6章第28节承认事物的美："你想野地里的百合花怎么长起来；它不劳苦，也不纺线；然而我告诉你们：就是所罗门极荣华的时候，他所穿戴的还不如这一朵呢!"世界是美的，其意义如《罗马书》第1章第20节所说："神的永能和神性是明明可知的，虽是眼不能见，但借着所造之物就可晓得……"《新约》没有具体的美学思想，却为基督教提供了根本的美学理论原则：永恒高于现世，精神高于物质，道德高于美。《新约》所表达出的对生活和世界的态度不同于希腊文化，这决定了一个基督徒所能接受的与其世界观平行的美学思想。

除了《圣经》在"美"的问题上的思想，毕达哥拉斯、柏拉图、普罗提诺等一系的先验论美学也在中世纪产生过非常重要的影响；斯多葛派哲学家的禁欲主义、西塞罗的"明晰"等也比较好地与基督教观念融合起来，而亚里士多德则是托马斯·阿奎那最推崇的先哲。柏拉图第一个区分了理念的美与感性的美，中世纪美学把这一点强化为美学的一项公理，将美分化为若干等级。教父美学的概念来自古代，然后被赋予了不同意义。接受过全面的古典教育并深受普罗提诺和毕达哥拉斯学说影响的奥古斯丁，将"和谐""比例"之类的古典概念作为他美学的主要概念，认为美在于"整一""和谐"，而物体美是"各部分之间的适当比例，再加上一种悦目的颜色"。柏拉图主义者认为一切都与美有关，而只有完善的、神圣的美才是真正的美；美在最一般的意义上以"明亮"和"清"为基础。托名狄奥尼索斯的希腊文著作则充分利用了柏拉图、普罗提诺的思想。"最后一位罗马人"鲍伊修斯《哲学的慰藉》一书的思想更是显现出其纯粹的柏拉图主义的"宁静"。

从 12 世纪后期开始，亚里士多德的著作从阿拉伯世界流入欧洲，托马斯·阿奎那得以将亚里士多德式的经验概念取代此前理念的、柏拉图式的美的概念，架构起一种神学哲学思境中的理性美。

神哲学思境中的理性美

对托马斯·阿奎那来说，任何原初观念，就人的经验而言，乃是人的后天所得，而非先天具有。原初观念不是柏拉图意义上的"理念"，它们是人从自然界的万事万物所得的观念：由具体而抽象、由有形而无形、由事实而理论、由低而高。唯如此，才具真理价值。因此，阿奎那认为，美学的基本构成，要有对美的观念的分析、解释、分类、组合以及探究其在存在、特性、完成等意义上的各种关系。所有这些都不是凭空虚造、出自先天，人对现世中事物的美感与愉悦，源于人的肉体与外界的外感接触，而后再进入内感官而得。

阿奎那认为，"中悦视觉者为美"，可见，视觉在美的感觉上占有重要的地位，因为它直接给人以美感。这种强调美的感性和直接性的观念以亚里士多德式的理性经验取代了其前人所推崇的纯粹柏拉图式的美的理念。视觉带给人的这种"中悦"或"快慰"对人来说即是一种判断，这种判断分为两种：一种是内感官的"估价"本能，一种是思想（理智）的"估价"力量。前者是出于"天性"，后者乃是理智的判断。理智的判断分为两种：第一种判断人兽与共，是肉欲意义上的判断；第二种判断是人所独具。人从其所认识的对象那里得到的美感，并非是一个肉欲的快乐，而是理性的喜悦，虽然在其中无可怀疑地具有属于肉欲的材料。托马斯·阿奎那主张，在可能的范围内，要将这种属于肉欲的材料去除。美终究属于思想之力，它只是属于理性的判断。因此，托马斯·阿奎那的美学思想在起点上没有忽视肉欲层面，以及源于视觉的经验的美觉，在此基础上，他进一步走上了理性判断的美学层面。

托马斯·阿奎那坚信神"绝对完美"。因此，神存在，美也就自然存在。那么，接踵而至的问题就是：第一，万物的美从何而来？第二，如果从"存在"的角度看，万物何以与"神之美""道通为一"？第三，如果由分殊的"存在者"去看，"万物之美"又何以将"神之美""分化为多"？对于这些问题的解释，无论是普罗提诺的"流溢说"，还是奥古斯丁的"光照论"，都无法尽如人意。就"美"的来源而言，托马斯·阿奎那并不赞同奥古斯丁的说法，以为人天生就有"美"的观念。阿奎那跟随了亚里士多德的解释，认为人天生是一块白板，只有认识"美"的能力而没有"美"的内容。如果要求"美"的内容，人就不得不应用感官经验所得出的结论构成一定的概念，然后以亚里士多德逻辑的方式，从概念得到判断，从判断得到推理。阿奎那认为，人没有天生的观念的理由是：因为天生而盲的人没有彩色的概念。这表示这个人丧失了视觉的能力，因此就没有彩色的观念。针对奥古斯丁的"光照"学说，阿奎那提出，"光照"不是指有"美"的内容，而是指有思想的能力，也就是人的理智本身有超越的能力，人可以凭借自己的理智，得到理性所了解的事物。阿奎那在知识论上首先认定人类的理性能力本身已经足够认识外在事物，因此，他认为，人类只有一种东西是先天的，那就是我们认知的能力，这种能知，就是我们的理性、悟性，就是我们积极地知道事物的天生能力。人的心灵的白板有被写的潜能，其本身却不可能创造"美"，只有把感官传进来的资料加工，然后保留下来，形成我们对"美"的知识。因此，对于上述关于"美"的三大问题，托马斯·阿奎那采取了柏拉图的"分有"说和亚里士多德的"类比"说，从本体论与知识论上奠定了他的美学理论。

托马斯·阿奎那从根本上将"分有"当作整体宇宙的"向下之道"，而把"类比"看成一个总的存在的"向上之道"，因此，就既有了"本体之美"的向下"分受"，又有了人的"理知之美"的向上"类比"。托马斯·阿奎那认为，一方面，神、人、世界是三种存在的不同层次，其中，人与世界同时分受了神的存在，神存在，人也存在，世界也存在。可是，存在的等级却不相同：神是完满的存在，是"存在的存在"，因此，神可以将其"整体"的、"完满"的、

"流溢"的存在"分受"出来给人与世界，使得人与世界由虚无变成存在。另一方面，人作为受造物，不但"分有"了单纯的存在，而且还作为"上帝的形象"从创造者那里获得了恩赐的理智、智慧，由此而能够透过对"自身"、对"世界"的认识与把握，获得"类比""类推"之能力，从而认识到神的存在及神的智慧。而世界作为"分有"神的存在的存在者，成了一切美善的影像，供"理智的""智慧的"人可以用来超越自己的存在，以思想提升自己到形上的境界，同时，也使得"工匠"之人能够利用世界作为工具，为自己的生活创造美丽的人文社会，完成人性。

人与世界是"分有"神之美而成为美的个别的存在者，同时，人与世界由于分有神之"本质之美"而成为"分有神之美的存在者"，于是，神、人、世界在一方面相同、一方面不同的"类比"之下，构成一种特殊的关系：神之美由于人与世界"分有""存在者之美"而具有了内在的尊严与价值——其"天命之性"由"分有"神性之美而获得。同时，由于"存在者"分有了"存在"的完美，存在者在完美性上既无限又有限，从而使得有限存在得向上努力以走向无限的通途。因此，一切现有万物之美，都不是根源于自己，都是从神那里"分有"而得，美是上帝的一种显现，不可见的上帝使自己在秩序美中为人所见，而他从天上降到地上，由不可见成为可见，由不可理解到可以理解，便是借助了"分有"的方式。上帝在其创造的物品上打上自己的印记，上帝是唯一的、绝对的，它也使自己的创造物能够最大限度地"类比"自己的统一性。正是在"类比"上帝的统一性时，世界取得了多样的统一性，也就是取得了和谐。事物的和谐与匀称性、秩序性之所以美，就在于它们是世俗世界所可能达到的最"像上帝"的那种统一性。作为上帝不完整的形象，世界通过自己的多样性和复杂性，在"类比"中模仿了上帝的单纯性和完美性。

"分有"使得人对上帝之美的理解、认识成为可能，因此，托马斯·阿奎那的美学止于理智的判断，而这种理性美学的特征、美与理性的关系，是肯定一切美皆是形式的。在他看来，一切认知，并非是从事物的内容上下功夫，而是就事物的形式着力，亦即一切知识的形式对象，乃是事物之形式，美也不例外。阿奎那认为，事物之所以构成美者，并非事物的外表现象，而是与事物结联的形式。因此，美由形式构成，形式决定事物的本质，但形式本身并不包含存在；只有当形式从纯存在，或存在的活动，或自有的存在那里获得所需要的存在，它才转变为实体；或直接变成无形的实体，或与质料相结合变成有形的实体。形式借以成为一个实体的现实性就是"其所是"，即它所"分有"的存在，而存在是一切活动的现实性，因而是一切完美的完美性。因此，所有受造物的"美"皆在"类比"上帝"至美"中得以存在。在托马斯·阿奎那这里，一方面，形式构成美，作为一种"非具体"的定义，这种美显然是由有形推向无形，由具体推向观念、推向抽象，由现象推向"存在"。"存在"是美的根据，美成了"存在"的价值，因此，在阿奎那的思想中，美超出现象而成为本体论的论题。

托马斯·阿奎那对美有三个要求：首先，完整或完美，因为凡是残缺不全的东西都是丑的；其次，应该具有适当的比例或者和谐；再次，鲜明，所以鲜明的东西被公认为美的。即使是丑陋的事物，只要完整地描绘了出来，这个形象也是美的。阿奎那所提出的这三个条件，前两个在他之前的美学思想中都可以找到相似的主张：对于"完整"或"完美"，从巴门尼德、柏拉图、普罗提诺、奥古斯丁等人的思想中都可以发现相关的理论；对于"适当比例""和谐"，在毕达哥拉斯、赫拉克利特、亚里士多德、奥古斯丁等人的理论中也可以发现类似的观点；至于"鲜明"一意，则在托马斯·阿奎那之前的思想中并不多见，因此，第三个"要求"可以说是托马斯·阿奎那的思想特色。

在这里，所谓"完整"，说的是事物的决定性的形式，也就是说一个事物包含一个统一性，完全无缺，即使是一部分，也是一样的"完整无缺"。所谓"适当的比例"，说的是一种关系相，这种关系可能发生在一物中的部分间，也可能发生在物与物相比之间所产生的共鸣与连贯的关系，它与"完整"一样，既属于形而上的、超验的、存在的关系，又属于现实视域意义上的实践的、认识的、理性的关系——从本体上，"完整"和"比例"是存在的性质，从现象上，这又是审美的性质，当事物使我们愉悦时，我们既感到完整，又感受出秩序。阿奎那认为，不但事物本身既是美的居所，而且，事物与事物之间的交融也可以产生美，这是物的本性的体现。物与物之间有和谐的比例才会产生美，物本身的部分彼此应有和谐。在比例适当这一点上，主客体有一种对应关系和亲和力，这是一种不涉及对象内容的形式感。所谓"鲜明"，乃是指事物的一种"出场"状态，无论是对于理智，还是对于感觉，从这种"出场"状态所接收到的都是一种真切、鲜明的信号特征。"鲜明"的含义既取其字面意义，如明快光艳的色彩，也取其象征意义，如精神的明晰。

事物的"完整""适当的比例""鲜明"是阿奎那关于美的三大要素，三者的根本原则是"理智自身"。因为，无论是事物凸显出的"完整""鲜明"，还是应具的"适当的比例"，其所构成的"美"并非纯经验的，而是有普遍性的。并且，就"美由形式构成"而言，没有了理智，认识就无从发生，美也就不存在。

阿奎那认为，美存在于与善的比较之中。在他看来，一物被理解为适当的、善的，也就被认为是美的。美之所以美，并不是我们爱它；毋宁说，我们之所以爱它，倒是因为它是美的、善的。美与善不可分是因为二者都以形式为基础，不过，因为善涉及欲念，美只涉及认识功能，因此，二者还是有区别的。认识须通过吸收，而所吸进来的是形式，美属于形式因的范畴，见到美或认识到美，见或认识本身便可以使人满足，因此，与美关系最密切的感官是视觉和听觉（**而非其他如味觉和嗅觉等感官**），它们是与认识关系最密切、为理智服务的感官。凡是只满足欲念的东西叫作善，凡是单凭认识就立刻使人愉快的东西就叫作美，而在形上的"存在"意义上，美与善则是相同的。

从托马斯·阿奎那对美的阐释可以看到其美学的两个特点。首先，他强调了主体的作用。因为可感觉的对象不是从其自身，而是从它所"分有""类比"的对象那里获得审美价值的，这是一个完全不同的、更高的和不可见的神圣之境。在此，美具有了隐喻的意义，只有在一种为领会者领会了的和谐中才有美，如果领会不到感性现象背后的意义，就不可能真正把握美，就不可能通过所认识对象认识到上帝的存在。其次，阿奎那以存在者的美"分有"上帝"至美"、以感性显现来象征最高实在这一美学思想，对于艺术创作所具有的启发意义在于艺术作品多种含义的呈现。比如，建筑的象征与数字有关，教堂的五个门象征着五个贤良的贞女，十二根柱子象征着十二使徒，支撑布道坛的十一根柱子象征基督降临时在场的十一位使徒……

希腊哲人创造了"美的个性"，基督教神哲学家托马斯·阿奎那则带来了神哲学思境中的"美的理性的、深度的体验"。中世纪以禁抑感性享乐为代价，拓展了审美、艺术的意义之源，"超越""象征"等逐渐成为后来美学的词汇。在此，托马斯·阿奎那在广义地使用"理性"一词之下，把感觉能力也视为理性能力之一，而美因为一方面和理性相关而可以从认知的角度把握，另一方面美又是和感觉相关而使得美的把握方式和概念的把握方式有所不同。在理性的前提之下，托马斯·阿奎那强调了美的感性和直接性，并从根本上强调了"存在者之美"对"存在"之美的"分有"与"类比"，"有如存在和其他超验价值，美从根本上说是可以类推的。这就是说，它是由不同的观念界定，是根据不同的属性表现为不同的对象。所以，每一种存在者以它自己的方式存在，以自己的方式显现其善，以自己的方式显示其美"，因此，阿奎那所论之美事实上是一切超验之物放在一起发出的光辉。阿奎那关于美的三大构成思想直接影响了新托马斯主义者雅克·马利丹（1882～1973）美学本体论的建构、发展与超越。阿奎那将美与善的区分归结为带不带欲念和有没有外在目的的区分，启示了后来的唯心主义美学和"非功利说"。康德曾明确表达了审美感受的基本特征：无关实利而令人愉快，无关目的而合乎目的。

第 6 章

阿奎那思想的影响与价值

作为一位哲学家和神学家，托马斯·阿奎那高尚的人格、渊博的知识、超人的智慧、丰富的作品使这位中世纪的伟人在神哲学方面至今仍然居于无人企及的首席地位。1999 年，BBC 曾评出"千年十大思想家"，依排名顺序，分别是：卡尔·马克思、阿尔伯特·爱因斯坦、艾萨克·牛顿爵士、查尔斯·达尔文、圣托马斯·阿奎那、史蒂芬·霍金、伊曼纽尔·康德、雷内·笛卡儿、詹姆斯·麦克斯韦尔、弗里德里希·尼采。托马斯·阿奎那在其中位居第五。今天，当我们站在中西方学术的前沿仔细品味、聆听人类学术舞台上的"名家名段"时，我们依然清晰地发现，托马斯·阿奎那思想研究仍然占据着重要地位。

基督宗教哲学在近两千年的发展历程中共经历了三个典型的时期和理论形态，首先是公元初期产生的教父哲学，接着是中世纪的经院哲学，然后即是近代的新经院哲学或者称为新托马斯主义。作为基督宗教神学的主要理论，经院哲学在西欧中世纪整个学术界一直占据着统治地位。中世纪的经院哲学曾分裂为许多派别，出现过实在论与唯名论等的争论，其争论的焦点主要集中在神学与哲学的关系、信仰与理性的矛盾等问题之上。托马斯·阿奎那总结前辈们的理论失败教训，根据新的历史条件，提出更加符合新的时代的新诠释与新论证，从而产生了较为深刻的历史影响，并且体现出深刻的思想价值。

托马斯主义的复兴

阿奎那认为，理性与信仰可以互为补充而一致起来。托马斯·阿奎那看到，在关于理性与信仰、哲学与神学关系的论证上，前辈们论证的纰漏有可能造成这样的结果：神学家所要肯定的内容恰是哲学家所否定的内容，因此，信仰成为理性批判的对象、理性与信仰无法统一、哲学与神学互相排斥。在坚持信仰的不可动摇性的原则下，阿奎那肯定奥古斯丁等教父哲学家利用柏拉图思想诠释相关问题所作出的理论贡献的同时，适时地顺应了时代潮流，借鉴了阿拉伯哲学家和犹太哲学家的思想，采用亚里士多德的自然哲学与理智抽象的理论，较为稳妥地引进了独立的哲学思维与理性思维，将奥古斯丁主义经院哲学的哲学与神学、理性与信仰一体论加以改造，使哲学与神学、理性与信仰的矛盾得以圆满解决。为此，他指出：自然与超自然是两个不同的领域，哲学命题与神学命题的确有所区别，可是，理性的知识即自然的知识与信仰的知识即超自然的知识渊源于同一个上帝，其所包含的真理必然是同一的，因此，哲学与神学的区别与其说是命题内容的区别，不如说是对真理的求证观点与求证方法的区别。既然如此，就没有必要在区别它们时将其对立起来，从而为了信仰而无视理性，或者为了理性而反对信仰，理性与信仰可以在各自的领域发挥作用，然而，最终必然殊途同归，在同一真理上获得统一。

托马斯·阿奎那的大胆理论革新触犯了众怒，一度成为众矢之的，因此，阿奎那的理论在其在世时并未完全取代奥古斯丁主义。当时巴黎主教唐比埃和坎特伯雷大主教吉尔瓦比曾经先后公布了两个决议，将阿奎那的论点同阿维罗伊主义的一些命题联在一起加以批判，史称"七七禁令"。在此推动下，出现了不少批判阿奎那思想的学者与学说。法兰西斯派的威廉于 1278 年撰写了《订正托马斯》一书，极尽批判的努力。而法兰西斯修会更是下令封杀托马斯·阿奎那的《神学大全》。

然而，由于阿奎那的理论毕竟适应时代发展的需要，在当时表现为具有一定的合理内核和积极作用，与奥古斯丁主义相比显得更有生机与活力，因此，不久后，它渐渐被基督宗教的开明神学家与哲学家所接受和研究。1311年至1312年间，罗马教廷召开最高级会议，批驳了阿奎那的反对派的责难，肯定了阿奎那学说的意义与价值。教皇约翰二十二世于1323年更是册封托马斯·阿奎那为"圣徒"，称其为教会中最杰出者，其学说如黎明前的破晓之星，照亮了整个教会，无与伦比。自此，托马斯·阿奎那的学说渐处于首要之位。到14世纪中叶，阿奎那的神学与哲学得到广泛传播，从而，继奥古斯丁之后，托马斯·阿奎那成为又一重要的基督宗教思想家与理论家，其《神学大全》也成为许多天主教大学的基本教材，不仅在巴黎大学，而且在欧洲其他的高等学府得以宣传与翻译。由此，托马斯主义达到了其全盛时期。

不过，这种繁荣却是短暂的。法兰西斯修会并没有放弃先前对阿奎那的批判观点，因此，斗争仍在继续。作为法兰西斯修会的成员，著名的经院哲学家邓·司各特（1270~1308）不仅对奥古斯丁的思想推崇备至，而且也不乏对亚里士多德思想的认可与尊敬。因此，他另辟蹊径，从批判阿奎那"折中主义调和论"的立场，为奥古斯丁主义注入新的理论因素，提出以经验感觉论与意志论来区分哲学与神学、理性与信仰。此外，法兰西斯修会的另一位经院哲学家奥卡姆（1300～1349）以其唯名论而著称巴黎大学与牛津大学。奥卡姆进一步阐发司各特的思想，提出哲学与神学相分的二元主张——哲学不再支持神学或从属于神学，矛头直指托马斯·阿奎那，致使托马斯主义在其繁荣时期即出现了衰落趋势。而随着司各特派与奥卡姆派的进一步壮大，教会内部也出现了派系林立、论战迭起、四分五裂的局面，托马斯主义遭遇重创。

托马斯·阿奎那的学说在经历了无数次的责难后终于得以站稳脚跟。1543 年，东罗马帝国崩溃，中世纪结束，随之而来的是文艺复兴运动和宗教改革运动。基督宗教在此时经历了沉重的打击，内部出现了一次大分裂，出现了许多新的宗派。巴黎大学和牛津大学等古老的大学校园虽然设有托马斯思想的讲座，可是，奥卡姆与司各特派的讲座似乎更吸引听众。不过，在西班牙却云集了众多托马斯主义的支持者，他们以萨拉曼卡大学为中心，展开了复兴托马斯主义的运动，其著名的代表人物有被誉为"国际法鼻祖"的维克多利亚及其弟子。而耶稣会士苏亚雷斯则自成一派，坚决捍卫阿奎那思想，与多米尼克派、法兰西斯派一起形成了三分经院哲学之势。针对这样的分裂局面，1545 年至 1563 年，罗马教廷陆续召开会议分析形势、寻找对策，最终确立托马斯·阿奎那的学说为维护教会权威与统一全教会的理论武器、托马斯主义为教会的正统哲学和独一无二的指路明灯，因此责令各地教会必须教授托马斯主义。1567 年，教皇庇护五世特别在阿奎那"圣徒"的桂冠上又添加上了"圣师"的荣誉称号，其尊位与教会历史上的安布罗西、哲罗姆、奥古斯丁、大格利高利四位圣师并列。随后，《托马斯全集》十八卷出版，成为最早刊行的官方审定权威版本，通称"庇护版"。

托马斯·阿奎那的追随者出版了一大批著作，从内容与形式上展开了托马斯主义的复兴，然而，其发展却在不断地经历艰难。布达佩斯大学校长尼格尔发表了《托马斯主义者的防御》；科隆大学的柯林注释了阿奎那《神学大全》中的教义；意大利的卡耶坦注释了阿奎那的《论存在与本质》《神学大全》；意大利人费拉里注释了阿奎那的《反异教大全》；葡萄牙的约翰著有《托马斯哲学教程》与《神学教程》，作为多米尼克修会大学的基本教材；西班牙经院哲学家弗朗西斯科·苏亚雷斯不仅从内容上论证了阿奎那思想的深刻性，而且从写作体例上进行了革新，他的《形而上学论辩》一书放弃了大量的注释与评述，避免阿奎那式的烦琐、刻板的论证方式，从写作形式方面进行革新，对托马斯主义的复兴与发展作出了独到贡献。不幸的是，此时的教会权威已被文艺复兴运动所扫除殆尽，因此，无论如何，经院哲学的发展失去了有力的支持，因而变得支离破碎，难以统一。而近代弗朗西斯·培根经验主义与笛卡儿理性主义的崛起，康德、黑格尔哲学的巨大影响，对托马斯·阿奎那的哲学都是致命的打击。

对于此次托马斯主义复兴运动的悲惨结局，现代新托马斯主义者在总结教训时指出，此次失败当归咎于当时的托马斯主义者忽视对社会知识、新兴学说和自然科学的关注与研究，结果使得托马斯的哲学体系不能得到有效的更新与发展。

新托马斯主义与雅克·马利丹的神圣使命

在 19 世纪中叶以前，罗马天主教的《圣经》研究和历史研究进入了一个毫无特色的时期，而天主教的哲学和神学却不同于此。20 世纪开始前夕，天主教的哲学和神学就显示出某种复兴的迹象。这种复兴被称为"新经院主义"或"新托马斯主义"。新托马斯主义可以被视为托马斯主义的第二次较大规模的复兴运动。我们知道，托马斯主义是托马斯·阿奎那创立、在天主教传统中发展起来的哲学传统，它力图把亚里士多德哲学与基督教教义结合起来，认为一切受造物都是存在与本质的合成。它广泛运用亚里士多德关于形式和质料、现实和潜能之间区别的思想，解释各种不同的关系。它主张形式是必然存在的，质料是偶然存在的，上帝既包含本质存在又包含偶然存在，灵魂被认作躯体的实体形式，同时又被当成是不朽的。新托马斯主义力图证明中世纪经院学派尤其是托马斯·阿奎那哲学与现代科学的发展是一致的，能够再一次恰当地解决现代哲学问题。

1879 年，教皇利奥十三世向教会的所有主教发出他的通谕《永恒之父》，确定托马斯·阿奎那"教会博士"头衔，并批准托马斯主义为官方的、正统的天主教神学。通谕提出把托马斯主义认作天主教哲学和神学与现代哲学体系打交道的独一路径，极大地刺激了新托马斯主义的发展。起初，这一运动只限于天主教的教育圈内，后来扩展到更广泛的公共社会中。新托马斯主义历经了一个多世纪的产生、形成和发展，与其他西方哲学流派相比，它是一个信徒最多、组织最严密、活动最频繁的哲学流派。罗马教廷出版的有关新托马斯主义的著作每年有成百上千种，发行的哲学期刊也有几十种，还定期、不定期地举行地区性、国际性的学术会议。许多学者对阿奎那著作进行了大量的考察与阐释，也建立起不同的托马斯主义体系。

新托马斯主义所涉及的有关问题主要有如下几个方面：第一，在对阿奎那思想特征的评价上，吉尔松既认为托马斯·阿奎那集哲学家和神学家于一身，又强调他是现代西方一个哲学家。而与之截然不同的观点则指出阿奎那的所谓"永恒哲学"纯粹是神学之探，并具有哲学思辨的本质特征。第二，在对托马斯·阿奎那的理论体系中的亚里士多德哲学因素之分析上，人们对它与新柏拉图主义的关系，对亚里士多德主义的体系结构及其与基督教的关联，以及亚里士多德和奥古斯丁对阿奎那的影响等也有不同的见解。第三，在托马斯主义与柏格森、康德、黑格尔、海德格尔和胡塞尔等近代哲学家之理论体系的比较上，有人认为他们之间存在着内在的沟通，有人则否定这种观点；有人指出阿奎那之理论现象是以一种价值论的存在形而上学为背景，有人则认为他是将其价值论纲领化的人格主义者；有人说他与黑格尔在"绝对之有"等观念上有相似性，有人则主张以他的思想来否定黑格尔；有人断言海德格尔的"基础本体论"是托马斯主义理论的逻辑结果，等等。

法国新经院哲学家雅克·马利丹对哲学的最大贡献，在于他运用托马斯·阿奎那神哲学的基本原则，综合其他思想家对托马斯思想的传统诠释，并融合其本人对现实的哲学思考，构建出一个面向当代问题、适应当代思想发展的新经院主义理论体系。

马利丹所处的时代，传统经院哲学的存在论遭遇了前所未有的冲击。在马利丹看来，哲学家急于逃避甚至摈弃传统的存在论，以"人本"代替"神本"，将人与上帝对立，以"思想"作为哲学或形而上学的出发点。这些问题带来的后果，在实践领域表现为人的"无根"的存在：精神无助、颓废与堕落；表现在思想领域，则是各式各样的非理性主义、虚无主义、无神论、主观主义等思潮引发的思考，而新经院哲学思想家首先要面对的重要问题即是人们对存有的遗忘和对传统形而上学的抛弃。因此，马利丹的任务与使命，即是重返"being（esse）"、找寻人失去的"存在"之根。

马利丹认为，从思想因素来看，19世纪初期，伴随着大卫·休谟的经验主义对因果原理价值的否定、孔狄亚克的感觉主义与康德对理性的批判，形而上学的根基发生了动摇，西方思想进入困境，西方文明进入"黄昏"时分。与此相伴，中世纪基督宗教"人是上帝的肖像"的传统意义在科学主义与实证主义的狂风暴雨打击下消失殆尽，人之神圣性随之迷失在其"无根的存在"之中。为此，马利丹展开对"现代精神"的批判，而他的矛头的首要指向，便是路德、笛卡儿和卢梭。

在马利丹看来，路德"缺乏的乃是理智的力量"，即把握共相、认识本质、接触实在的能力。马利丹认为，路德在经院哲学上学艺不精，只学会了一些错误的想法、模糊的神学概念和华而不实的论辩技巧，并且，无论是对当时天主教的苦修补赎之路，还是对其自身内在的精神状态，路德都充满怀疑，并从根本上表现出对神恩的绝望，而这种绝望无疑成为后来宗教改革的"原动力"。马利丹认为，由于路德不能克服自身的罪恶感和欲望，便将全部赌注压在与其本性全然割裂的恩典的作用上，又从一己之体验中推而广之，将自己的命运转化为神学的真理——只要内心确定了对基督的信仰，并且确信一定能获救，你的意志就是你自己的行为规定者，并且，你所做的一切都是善的，因此，在路德眼里，上帝只是一个盟军、合作者和强有力的伙伴而已。马利丹指出，路德所谓的"因信称义"的结果必然是将自我神化，使信仰摆脱理性，将基督教福音归结为内心的体验，其结果是大大激发了现代反理性主义的个人主观主义。

雅克·马利丹认为，在笛卡儿之前，已经有了长久而富有成效的有关"理性主义"的准备期——达·芬奇、伽利略等人早已为数理方法的不断完善作出了重要的贡献，因此，笛卡儿并非货真价实的"理性主义之父"。不仅如此，就所谓的反思哲学的角度而言，马利丹认为，古人的反思哲学要比现代人深刻得多。在马利丹看来，笛卡儿与经院学术保持了质料上的连续性，而在形式的因也就是决定性的层面上，他则打破了这种连续性。

马利丹指出，笛卡儿思想具有在思想与存在的联系层面的唯心论、在理智的等级秩序与知识的意义层面的唯理论以及在人神观上的二元论等特征，其核心则是西方近代哲学科学体系赖以建立的"思维"。"我"就是一个在思维的东西、一个精神、一个理智、一个理性，"我思"与"我在"是同一的，而"直观""天赋观念""独立于事物"恰恰是笛卡儿所理解的人类知识的特征。在笛卡儿哲学中，人的认识不受外部事物的制约，相反，外部事物的存在恰恰是思维活动的结果，人类的理智由此变成了事物的立法者。笛卡儿企图使思想独立于现存的事物而仅受制于"它自身内部的需要……一个世界仅仅凭着自身，就关闭了绝对……"马利丹认为，这是一种欲使人类理性的内容成为度量实在的尺度的极端企图与疯狂做法。这种新知识类型必然孕育出一个充满霸气的"自然科学时期"，故马利丹将笛卡儿思想视为现代科学深刻的非人格的原则与源头。

在马利丹眼里，卢梭思想则代表着"以人为中心的人道主义"思想孕育与成长的第三个关节点。卢梭将传统基督宗教对罪的来源的看法从宗教的层面转为人类历史的自然进程层面，从而得出结论，认为人不是生来就有罪，相反，人的原初状态（*原始状态*）即是善的，亦即说存在一个人性的理想状态，它处在人类历史的源头。在此状态下，人处于一个"完满的"境地而根本无须任何救赎——上帝根本就是多余的。马利丹认为，卢梭的思想无疑是将"人类中心论"推向巅峰。

马利丹坚定地认为，路德、笛卡儿和卢梭三位"改革家"所肇始的哲学革命终于在康德批判的唯心主义那里达到了顶峰。康德的批判源于认识过程中所出现的"二律背反"，他认为，纯粹理性无法认识"物自体"，因此，他将灵魂、自由、宇宙、上帝等这些经院哲学传统实在论的概念都划入不可知的范围。

人的认识能力有感官与理智两个不同的层面。感官认识是对可感知物的经验，理智则是精神性的认识能力。为了避免进入先天观念的陷阱和保持经验事物的价值，中世纪经院哲学曾继承亚里士多德的哲学传统，以"抽象"作用说明感性能力与理智的关系，托马斯·阿奎那还特别强调了感性对理智之精神性的"分有"，从而使感性与理智密切为一。然而，自唯名论思想强调认识仅仅是对实在个体的直观，从而冲淡了概念的实在价值之后，抽象作用就成为一种无用的功能，理智与感性由此分道扬镳，不再"合作"。之后，休谟更加否定因果原理中理性的基础，终于促使康德对理性认识严加批判，以认清其条件与限制，这对以理性为主的"主知"的托马斯学派无疑是一个极大的挑战。特别是，经院哲学形而上学所研究的存有理论经康德批判之后，最终成为一个空无内容的先验范畴，成为经院哲学致命的创伤。马利丹认为，这场所谓的"伟大的哲学革命"并非是一个纯"理性化"的过程，而是将某些原本神圣的东西加以"世俗化"的过程，由此，传统意义上作为"上帝的形象"的人被彻底"祛魅"。

马利丹对"人"的哲学理解源自托马斯·阿奎那的思想。托马斯认为，人是由上帝自由地从"无"中创造出来的精神与肉体的结合，上帝是造物主，人是受造物，每一个受造物由于被造的事实而与造物主上帝有一种"实在的关系"。然而，上帝不可能是为了要获得什么而创造，而只能是要给予、分赐其美善——因为上帝本身即是完满，是无限的美善。那上帝为什么要创造目前现有的这一个特殊的世界呢？这是非人类的理智所能理解的上帝的奥秘——由于人的理智是有限的、不完全的，人类因此无法透彻明白上帝的谋略和计划。因为上帝创造人，也因为上帝要分赐其至善，于是，上帝的至善就成了所有受造物的目的。所有受造物也某种程度地相似于上帝，人相似于其始源——上帝，也因此以获取相似于上帝为最终目的，人在这种"相似"的意义上而成为"上帝的肖像"，就此而言，人对神的渴求源于人的自然本性、自然法则。人的精神性的灵魂由上帝恩赐，与上帝息息相通，因而人分有上帝的神圣之本性，并且天生具有追求神圣的精神渴求，这即是人之存在的形而上学指向。

马利丹认为，路德、笛卡儿、卢梭和康德等思想家期望从人自身得到上帝所能给予的东西，从本质上看，这是一种"以人为中心的人道主义"泛滥的必然结果，它由此而将形而上学的神圣帷幕抛掷于科学主义与实证主义的阴霾天空，人的理性也因此取代了神恩，人由此而成为一种完全独立的、具有绝对自由的、可以以其主体意识为起点建立一切的"无根"的存在。这种对所谓"绝对自由"追求的结果，便使人生失去目的、归于荒谬——人可以不再重视生命和尊严；人可以一切以"自己"为尺度排除所有"他者"，而"他者"物化的结果是使人成为一堆纯粹的化学元素。因此，人一旦失去了形上之根、失去了神圣的目的性，所留下的，只不过是一堆"可能性"而已。

马利丹将现代社会文明的危机归结为"神圣的东西与世俗的东西的分裂"，亦即"人是上帝的形象"的传统意义的瓦解。马利丹坚定地认为，折磨着现代世界的病症，是本体的和形而上学的，它植根于人心之中。因此，唯有医治人心，才能治好这个病症，从而建构人类共同体共同的价值理念。

雅克·马利丹之所以能将托马斯·阿奎那思想的基本原理与当时的欧洲思想相融合，建立起一个极具创意的"正统的"新经院哲学的思想体系，与当时兴起的"新经院哲学"思潮不无关系。20世纪中叶的欧洲在经过了前后两次世界大战后，人的精神与心灵遭受了严重的创伤，存在主义的兴起使欧洲思想界充分注意到"行动""实现"或"活动"以及事物本性的动态发展的重要性。新经院学者通过研究，发现了托马斯·阿奎那形而上学的新的理论价值与现实意义，视其为真正的存在主义思想家，并由此展开对其形而上学中"存在实现"等理论的探究，以此表达对人之存有的关注。对此，马利丹在其中作出了卓越的贡献。

对个人、对人之存在的思索与反省促使马利丹在以托马斯·阿奎那为代表的经院哲学的思想传统里寻求问题的答案。战后的法国盛行存在主义哲学，它强调个人存在的重要性，其代表人物加缪、萨特等人的哲学、文学思想深入人心，马利丹受其影响，开始了对人、对人之存在作出深入的反省。此外，当时兴起的马克思思想也使马利丹对工人阶级在整个社会结构中所扮演角色、社会地位、历史使命等问题产生深刻的思考。马利丹深切地体会到，一个空洞的、名义的、功利主义的、资本主义的世界，就如同一个没有经过发酵的死面饼子，缺乏生机和自身内在的生存发展之力，而要摆脱这样的窘境，就应当将哲学研究的重心放置于对人性的特别关怀。马利丹寻求从"完整存在的人"的角度来恢复人之神圣性，以寻找人类早已丧失了的对"存有"的把握。

从"完整存在的人"出发的理论是马利丹对"人的真实形象"的重新发现的"以神为中心的人道主义"，它着眼于人的崇高与弱点的方方面面，着眼于上帝栖居其间的、已遭伤害的人类存在的整体性，主张"使理性因超理性而充满生气，并使人开放，让神降临自身……促发福音的酵母与灵感渗入世俗生活的结构，使现世的秩序神圣化"。在马利丹看来，只有在托马斯·阿奎那的哲学中，才能寻找到这样一种"完整的人道主义"，因为"只有在托马斯·阿奎那的基督教哲学中，才有着心灵的完善，也才有着恢复了其自然的卓越状态的心灵之完善"。马利丹认为，这种力量足够强大和纯洁，能够有效地影响整个世界，能够使人心恢复秩序并从而凭着上帝的恩典，把世界带回真理之路上来，而迷失了真理之路，则可能导致世界的解体。

马利丹由"完整存在的人"的角度来构建人道主义，反映出其重构社会精神的宏伟理想，然而却并不能代表他回归中世纪的愿望。虽然，马利丹认为若无上帝的恩典，社会的复兴就只是一场空想，可是，他并不期待也不希望完全返回中世纪基督教世界的概念中去，因为，现实在变，文化也在变，人道主义的内涵也因之发生变化。由"完整存在的人"的角度来构建的以"神"为中心的人道主义的最终目的即是重返阿奎那所倡导的存有。

因此，"存有"的意义是马利丹建构其"新人道主义"的哲学基础，它的基本思想与托马斯·阿奎那的形而上学思想不无关系。而马利丹在此基础上所作的进一步探究，无非是想证明两个相辅相成的问题：一方面，强调上帝"存在"的确定性；另一方面，揭示"作为上帝之形象"的人原本是作为"类比的存在者"而赋有超越性与神圣性，却因为人自己切断了与"上帝"相连的纽带而成为"无根的存在"。

按照马利丹的主张，事物的本质与主体必须加以区分，事物的本质可以在思想中客观化，而主体却不能客观化。每一个主体都是一个个体的实在（位格人），人对主体的认识是通过将其作为人的思维的客体而获得的，因此，不是把主体作为主体来认识，而是将其作为客体来认知。人一旦将自身视为一切认识客体当中的主体，自视为世界的中心，就难免导致个人生存的"主观性"与"客观性"的二律背反：如果你执着于主观性的观点，你就把万物吸收到自身里面，让一切都为你的独一无二性而牺牲，你就因此被钉死在绝对的自私和狂妄之上了；如果你执着于客观性的观点，那么，你就被吸收到万物里面……而你的所谓的独一无二也就成为虚假。马利丹认为，只有"上天"才能解决这个二律背反——如果上帝存在，那么就不是我，而是他，才是中心。在此，这个中心不是同某一特定的观察点（例如，在某个观察点上看来，每个被造的主体性者是其所知宇宙的中心的那么一个观察点）相关联，而绝对是一个超越的主体性，而一切主体性都要以之作为参照。马利丹认为，只有在这个时候，人才在懂得自己毫无重要性的同时，又懂得其命运具有最高的重要性。

"自我中心"与"整体宇宙中心"常常交织而成就人的两重形象，而作为主体的形象和作为客体的形象，既不可能协调重合，又不可能被抛弃掉。马利丹认为，只有"上帝存在"才能解决这个矛盾，而无神论生存主义的悲剧部分地是源于：被他人作为一个"客体"来认识永远是被不公正地认识——被与自身割裂并受到伤害，只有当被上帝所认识时，人才是作为"主体"被认识。

在马利丹看来，上帝要认识"我"，根本无须将"我"客体化，所以，只有在上帝面前，人才是作为主体而非客体被认识；也只有对于上帝，自我才完全敞开。马利丹"完整存在的人"视域中的生存主义不是把自我视为无理性的"感觉之流""无用的激情",而是把自我视为有理性的灵魂——它在自我最幽深的隐秘之处,在它最充分的实现之中,为上帝所了解,在它本质的性质方面,又为人的理智所认识。

马利丹在充分强调神恩的同时,也充分肯定人自身的价值,这是其从"完整存在的人"的角度探究"存在"的基本思想特征。在他看来,人始终是"类比"上帝的存有,对人的信仰只有建立在超验的信仰之上才会达到完满和永恒,亦即说,对人的信仰要以对上帝的信仰为基础,这是实现其"完整人道主义"(以神为中心的人道主义)的前提条件。马利丹认为,信仰上帝的目的在于建立慰藉人生的理智秩序和社会秩序,从而使人类能够平安地拥有地球,彼此和谐。遗憾的是,近代以来,人们一直在努力挣脱上帝的"牵绊",继而又不得不在"无根"的生存境域中寻求"人"的地位。世俗化的过程正是"以人为中心的人道主义"成长的过程,它将现代人对上帝的宗教情感渐渐转变成对人的信仰、对物的崇拜。而历史的流变和残酷的现实又无情地击碎了这种信仰和崇拜,因此,现代人会时常感到一种"无根"的疼痛。

马利丹以适应现代思想的需要的原则,以批判现实、批判"以人为中心的人道主义"为前提,在激活传统托马斯主义思想的同时,构建起新托马斯主义的形上理论,强调以神为中心，使神道与人道互补而非互相排斥的"完整存在的人"意义上的"新人道主义"，在西方基督宗教文化圈产生了深刻影响。作为"回归基督教"过程中新托马斯主义"与现实对话""批判现实世界"等思想运动的重要代表，马利丹主张重返、主张二元论的统一、主张在神圣与世俗间寻求人之"存在"的内在性与超越性的统一，这是其存在理论的重要内涵。

然而，如此的"统一"又何尝不是一种"悖论"式的统一？正如马利丹自己所指出的，引导基督徒去实行基督的救赎工作的推动力，深藏于对世界的一种悖论式的理解之中：一方面，基督徒相信自然界是上帝创造并宣布为善的；另一方面，就世界自身陷于肉体贪欲、感官贪婪和精神傲慢而言，它又是基督及其门徒的敌人。因此，生存于这个世界之中的基督徒似乎并不属于这个世界——对这个世界来说，基督徒将永远是陌生人，永远是不可理解的人。这种悖论的张力所引发的后果值得深思。无论如何，马利丹对于现代条件下托马斯主义及天主教神哲学的继往开来起到了先锋与推动作用，其形而上学思想寓意深刻，影响深远。

阿奎那思想的价值

托马斯·阿奎那以其特有的、高超的分析与综合智慧、较为缜密周延的辩证方式，从一个"整全"的视角出发，成就了中世纪典型的"经院哲学方法"——尖锐地揭示问题所在、清楚地分析概念、以逻辑方法推理、用词一丝不苟，尽可能详尽无遗地阐释与论证宇宙与人性所包含的真理，以期在哲学理论和实际应用上提供有价值的思想资源。阿奎那的思想内容涉及物质、生命、数理、人的意识、人的精神等问题，理论延展于物理学、哲学、人类学、逻辑学、形而上学及神学等不同层面，被誉为第二个一千年中对人类文明历程最有贡献的思想家之一。

对人的理智的重视是托马斯主义的精神所在。在阿拉伯人将数学与希腊哲学传入欧洲的最初时刻，巴黎大学率先走出中古神学统治一切知识的传统，开启以理智评判事理的学术风气，阿奎那在其中作出了巨大贡献。托马斯·阿奎那接受亚里士多德的哲学，在此基础上创立经院哲学系统的思想理论，用以解释神学，从而达及理智与信仰的和谐目的，既没有固守中古偏重信仰的传统，又非依从希腊偏于理性的哲学，他采取的无疑是一条"中庸"之路，然而，"中庸"并非意味着"中间"，而是"适中"与"可行"。

现代学者曾讥笑托马斯以哲学做了神学的"婢女"，却不知当时教会的学者曾控告阿奎那离经叛道、以哲学摧毁了神学教义。可见，这位尝试"继往世绝学"，以"神恩成全自然"为思想追求，哲学家与神学家走过的是一条荆棘丛生的探求之路，而其综合、创新的理论模式与勇于开拓的研究精神却给后人留下了长久的启示。

托马斯·阿奎那透过人的感性去给自然定位，透过人的理性去安排个人与社会，同时，又透过人的精神去寻找上帝，希望以人与神的结合当作人这个有限精神体的理性的真实完成——他所论及的天地人无不在其"存有（存在）"的视野里得到尊重与探究，这给近现代哲学提供了有价值的理论参考与进一步的思想空间。从思想发展史的角度看，由于托马斯主义思想将之前的重要哲学体系进行了充分的消化吸收和取精用宏，调和了包括奥古斯丁主义在内的各派学术观点，因而在历史上不止一次地发挥了包容与统一天主教学术思想的作用，无论在哲学思想发展、神学理论建构抑或神修等方面，都对后人提供了有价值的帮助。

阿奎那力求"究天人之际，通古今之变，成一家之言"，被后人称为"哲学家中的圣人，圣人中的哲学家"。而以托马斯主义为旗帜的新经院哲学（新托马斯主义）不但力求以托马斯主义统一基督教哲学各派理论，而且力求使之与近现代哲学流派甚至自然科学、社会科学理论融会贯通，为天主教会的现代化运动提供理论基础，因此成为 20 世纪西方哲学的重要流派之一。

托马斯·阿奎那追求"圆融与判明"的精神值得后人学习与借鉴。然而，阿奎那的思想也有时代的局限性。其神本的、纯理性的思想倾向似乎远离了人生的现实实践，因此，我们应当在充分理解其思想的基础上，"改变其神本出发点，发扬其人本精神；扭转其纯理性倾向，发展其主体深入的理论"，从而逐步对他的思想有更深入的解读与借鉴。

附录

年　　谱

1224年　年底或1225年年初出生在意大利南部那不勒斯附近的洛卡塞城堡。

1230年　奉父命到卡西诺山的本笃会修道院中读书。

1243年　加入多明我会。

1245～1248年　师从多明我会士大阿尔伯特。

1248～1252年　参与由大阿尔伯特所主持的多明我会的神学研究，注释亚里士多德著作，编纂百科全书、大学教材。《论存在与本质》《论自然原理》约完成于此时。

1252～1259年　结束学业，取得巴黎大学教师资格，相继获得神学硕士和博士学位。完成《论真理》，注释《圣经》，开始写《反异教大全》。

1259～1269年　留居意大利教授神学，并于1264年完成《反异教大全》，注释亚里士多德的物理学和政治学等著作，回到巴黎继续注释亚里士多德的著作，开始撰写《神学大全》第一部（1266）。

1269～1272 年　重返巴黎大学任教，经历巴黎大论战，完
　　　成《神学大全》第二部（1272）。

1272～1273 年　撰写《神学大全》第三部前九十个问题。

1274 年　因病辞世。

主要著作

1.《神学大全》。

2.《反异教大全》。

3.《论真理》。

4.《论潜能》。

5.《论灵魂》。

6.《论存在与本质》。

7.《论自然原理》。

8.《〈箴言四书〉注疏》。

参 考 书 目

1.St.Thomas Aquinas, Trans.by Fathers of the English Dominican Province.Summa Theologica.5 vlos.Benziger Brothers, 1946.

2.St.Thomas Aquinas, English Trans.by English Diminicans, London.Summa contra Gentiles.5 vlos.New York, 1928/29.

3.St.Thomas Aquinas.Treatise on the Virtues.Notre Dame UniversityPress, 1984.

4.St.Thomas Aquinas, Trans.by C.1.Litzinger.Commentary on Nicomachean Ethics.2 vols.Regnery, 1964.

5.Etienne Gilson, Trans.by Edward Bullough, edited by Rev.G.A.Elrington.The Philosophy of St.Thomas Aquinas.Dorset Press, 1948.

6.Jacques Maritain, Trans.by John J.Fitzgerald.The Person and the Common Good.Charles Scribner's Sons, 1947.

7.Jacques Maritain, Moral Philosophy.Charles Scribner's Sons, 1964.

8.托马斯·阿奎那著，利类思译:《超性学要》，上海土山湾印书馆，1930年。

9.圣·托马斯·阿奎那著，张金寿译:《神学集成》(第一集第一部)，上海编译馆，1950年。